学級崩壊の原因はそこだった！

「気にならない子」を気にとめる、見落とさない指導法！

城ヶ﨑滋雄 著
JOUGASAKI SHIGEO

学陽書房

はじめに

　店頭に並んだりんご。その中に傷んでいるりんごが一個だけ混ざっています。ほとんどのりんごは、おいしそうにピカピカと光っていますが、人はたった一つの傷んだりんごが脳裏に焼きつくものです。あるものよりも、ないもの、欠けていることが気になるのです。

　クラスの荒れの見え方もそのようになりがちです。気になる子の問題行動に目がいき、それを指摘して改めさせようとします。しかし、気になる子どもはクラスの数人です。ほとんどの子どもはちゃんとしているのです。ピカピカのりんごなのです。教師がちゃんとしている子どもを大事にして、「ピカピカのりんご」であることに気付かせることです。

　授業中、隣のクラスの教師から「子どもが言うことを聞かない」と助けを求められたことがありました。そのクラスに行くと、確かに立ち歩いている子どもがいます。真っ先に目に飛び込んできたのは彼らです。「ちゃんとしている子どもに目がいかなかった」と自己嫌悪に陥りそうにもなりますが、それよりもダメな自分を認めて気持ちをリセットし、ちゃんとしている子どもを探すように努めます。これは言い換えると、問題行動のおかげでちゃんとしている子どもに目を向けられたということです。

　気持ちを切り替えてクラスの様子に目を転じると、ちゃんとしている子どもがほとんどで、しっかり課題に取り組んでいます。私は開口一番、そのことをほめました。すると、子どもたちは意

外な顔をします。声をかけられ、諌められるべきは、問題行動に対してであり、ちゃんとしている自分たちに声をかけられるとは思っていません。

　ぜひ、もう一度、ご自分のクラスを見渡してみてください。問題行動を起こしている子どもは意外にもわずかで、ほとんどの子どもがその時々にすべきことを真面目に一生懸命に取り組んでいるはずです。また、クラスが荒れているといっても、大方の子どもは当たり前のことを当たり前に行っています。

　まずは、こうした「気にならない子」の「存在」を気にとめ、認め、光を当てて輝かせていきましょう。問題行動を起こさないがゆえに気にならない子どもの存在や取り組みを認め、ほめることを優先するのです。ちゃんとしている姿を見ると、教師も自然と気持ちが落ち着きます。冷静さを取り戻せます。つかう言葉も優しく、穏やかな口調になります。

　問題を起こす「気になる子」の対応は、それからでも遅くはありません。クラスの中に光り輝く子どもが増えていくと、自然にクラス崩壊の原因となるような「荒れ」は影を薄くしていきます。

　本書では、こうした「気にならない子」の心情と行動を解説しながら、適切な関わり方や声かけのポイントを示しました。教師があたたかい眼差しをもって「気にとめる」ことで、クラスの荒れの芽は自ずと摘み取られ、活気やまとまりが生まれていきます。そして、子どもたち一人ひとりの成長をじっくりと引き出すことができるようになります。

　　　2019年9月　　　　　　　　　　　　　　城ヶ﨑滋雄

CONTENTS

はじめに ……………………………………………………… 3

CHAPTER 1
クラスの荒れを事前に察知！
学級崩壊させない教師の心がまえ

- **0** 「気にならない子」こそ、気にとめる、見落とさない …… 12
- **1** 登校するから子どもを変えられる ……………………… 14
- **2** しっかりと子ども扱いする ……………………………… 16
- **3** 共感を強要しない ………………………………………… 18
- **4** 正論だから正解とは限らない …………………………… 20
- **5** トラブルは解決よりも解消 ……………………………… 22
- **6** 価値観が変わると見方が変わる ………………………… 24

7	変えられないことはあきらめる …………………… 26
8	失敗は経験、成功は自信 …………………………… 28
9	気にしないで、気にかける ………………………… 30
10	「できること」「できたこと」に気付かせる ………… 32

COLUMN 1 先生なら、しかられるほうがいい ………………… 34

CHAPTER 2
指導のヒントはここ！
気にならない子の「気にとめ方」

0	気にならない子を「気にとめる」とは ……………… 36
1	穏やかで教師を安心させてくれる子ども …………… 38
2	教えたことを素直に実践する子ども ………………… 40
3	他人の評価に左右されない子ども …………………… 42
4	異なる意見にも共感できる子ども …………………… 44
5	友だちの話に耳を傾けられる子ども ………………… 46

6	「なんで」ではなく「どうしたら」を考えられる子ども … 48
7	「先生」を枕詞に丁寧語や敬語で話しかけてくる子ども … 50
8	言い淀んだりせずにハキハキと話せる子ども………… 52
9	結果に対して冷静に受け取る子ども………………… 54
10	相手を察して一言添えられる子ども………………… 56

COLUMN 2　よき見守りがよき解釈を生む………………… 58

CHAPTER 3
ここがポイント！
気にならない子を「見落とさない方法」

0	気にならない子を「見落とさない」とは…………… 60
1	決まりごとをちゃんと守っている子ども…………… 62
2	ほめられることを前提にしていない子ども………… 64
3	やるべきことに黙々と取り組む子ども……………… 66
4	優しく促したり注意できる子ども…………………… 68

7

5	友だちのアドバイスを善意に解釈できる子ども ……… 70
6	その場の空気を読める子ども ……………………… 72
7	丁寧かつ速やかに行動できる子ども ………………… 74
8	見逃しがちなことを気にかけられる子ども ………… 76
9	一人でも行動できる子ども ………………………… 78
10	不満を口にしない子ども …………………………… 80

COLUMN 3 机間指導は気にとめる子どもを見つけるチャンス … 82

CHAPTER 4 学校生活での「気にならない子」を気にとめる、見落とさない!

1	いつも身だしなみがととのっている子ども ………… 84
2	いつも楽しそうに過ごしている子ども ……………… 86
3	教師にベタベタしたりまとわりつかない子ども …… 88
4	指示をすぐに受け入れる子ども …………………… 90

5	パッと素早く整列する子ども	92
6	注意されたことを気持ちよく受け入れる子ども	94
7	友だちの代わりをする子ども	96
8	帰りの会が終わるとすぐに下校する子ども	98
9	言い訳をしない子ども	100
10	トラブルをあおらない子ども	102

COLUMN 4　聞いている子がいるから発表できる　104

CHAPTER 5　授業での「気にならない子」を気にとめる、見落とさない！

1	時間割順に朝の支度ができる子ども	106
2	次の時間の準備をして休み時間をむかえられる子ども	108
3	静かに黙って挙手する子ども	110
4	友だちの発表に頷いたり首を傾げたりする子ども	112

| 5 | 話し合いのマナーをちゃんと守る子ども …………………… 114
| 6 | ノートのとり方が上手な子ども ……………………………… 116
| 7 | 間違ったり失敗しない子ども ………………………………… 118
| 8 | 課題を最初や最後ではなく真ん中くらいに仕上げる子ども ‥ 120
| 9 | 騒々しさに同調しない子ども ………………………………… 122
| 10 | 隣のイラ立つ友だちをさりげなくフォローする子ども … 124

おわりに ………………………………………………………… 126

CHAPTER 1

クラスの荒れを事前に察知！

学級崩壊させない教師の心がまえ

学級崩壊のきっかけは子どもにあるかもしれませんが、
そこに至らしめたのは教師です。
教師の心構え次第で、崩壊を未然に防ぐことができます。

SECTION 0 「気にならない子」こそ、気にとめる、見落とさない

「気にならない子」の存在を気にとめて、
見落とさないようにすると、
クラスの中に光り輝く子がどんどん増えて、
学級崩壊の原因も自然になくなっていきます。

 クラスの中の「気になる子」の存在は、意外にもわずか。ほとんどの子どもが、一生懸命に当たり前のことを当たり前に取り組んでいる「気にならない子」。

☑ 「気にならない子」も、問題行動を起こさないがゆえに、その内面では、遠慮や我慢、葛藤やストレスなどを抱えていることもあるのです。このクラスの大多数を占める「気にならない子」への対応や指導を怠ると、クラスはどんどん荒れてしまいます。

☑ 「気にならない子」の存在を気にとめ、認め、教師が丁寧にケアしていくことで、「気になる子」にもよい影響が及ぼされ、クラスはどんどんまとまっていきます。

CHAPTER.1　クラスの荒れを事前に察知！　学級崩壊させない教師の心がまえ　13

SECTION 1 登校するから子どもを変えられる

　子どもが登校するということは、子どもと会話をする機会があるということです。それは、指導の機会を教師が子どもたちからもらっているとも言い換えることができます。子どもが目の前にいるからこそ、ほめたりしかったりできるのです。

　確かに、クラスの荒れの要因になるような子どもが登校すると、自ずと指導する機会は増えます。その労力を考えると、気がめいることもあるでしょう。それでもそもそも登校する子どもだから変容させられるということを指導の基本として忘れてはなりません。

こんな言葉が出てしまったら要注意！

今日はあの子が欠席だからトラブルがなくて安心だ

登校するから指導して伸ばせるんだよ！ 欠席すると変容がないから、問題解決にはならないよ

☑ トラブルから逃げたがる気持ちを否定しない

　手がかかる子どもはクラスにいないほうがいい……。そんなことを少しでも思ってしまったら、教師として失格なのではと自己嫌悪に陥ってしまうこともあるでしょう。真面目な人ほど思いつめ、自分を責めてしまうものですが、トラブルを好む教師などいないので、罪悪感をおぼえることなどありません。まずは、嫌なものは嫌、避けたいことは避けたいと思う自分の気持ちを素直に受け止めましょう。そうすると気持ちは楽になり、トラブルに冷静に向き合うことができます。

☑ 登校してくれるからこその指導

　騒がしかったり、手がかかったりする子どもほどなぜか皆勤ということはないでしょうか。つまり、気になる行動を起こしても、学校に来るからこそ、指導し、変容させていく機会がたくさんあるのです。

　不登校であれば、家庭訪問をしても会えないなど、指導する機会自体が得られないこともあります。指導は、当たり前のように登校してくる子どもの存在があってこそ成立します。

☑ ほめるチャンスを見逃さない

　問題を起こす子も、四六時中手がかかるわけではないはずです。じっくりと観察してみれば、教師の願い通りに取り組んでいることもあります。しかし、そうした時に限って、教師の意識が向いていません。ましてや、いつもちゃんとしている子については当たり前だと思っていないでしょうか。注意をしないということは、よい行動をしているということです。そんな時を見逃さず、ぜひとも「ほめるチャンス」にしていきましょう。

低学年には「学校で会えて嬉しいよ」という気持ちを、高学年には「今日も元気に登校したね」と事実を伝え、朝を気持ちよくスタートさせていきましょう。

SECTION 2 しっかりと子ども扱いする

　子ども扱いするとは、甘えさせることです。つまり、子どもが「望んでいること」をしてあげることです。
　さらに、たとえルール違反であっても子どもが予期せぬこともしてあげましょう。子どもは意外な表情をしますが、心はまんざらではありません。
　子どもは許されていると安心して自分自身を発揮し、クラスの中でのびのびと過ごすことができるようになります。

こんな言葉が出てしまったら要注意！

なんでルールを守れないの

昇降口で開門を待つのがルールでしょう！

じっと待っているのはつまらないんだもん。ブランコで遊んでもいいじゃん

子どもならブランコに乗りたいもの。乗ってしまうほうが子どもらしい。そこを評価してあげよう！

☑「子どもでよかった」と思わせる

　ルールを守るのが、正しいことです。しかし、ルールを破ったことについて頭ごなしにしかりつけるのではなく、子どもらしさを発揮できていることにも注目していきましょう。

　例えば、登校前にブランコで遊んではいけないというルールがあっても、空いているブランコに目がとまれば、乗りたくなるのが子どもの心理です。もちろん状況が許さない場合もありますが、「子どもだからしかたがないか」とにっこり笑って許すことも時には必要です。子ども自身が、「子どもでよかった」と思う瞬間です。

☑やり直しがきく失敗は子どもを成長させる

　ルール違反を注意された子どもが翌朝、ふたたびブランコに乗ろうとしました。しかり、ハッと気付いたかのように歩みを止め、ルールをしっかりと守りました。自分自身の行動を自ら改めたのです。

　子どもの失敗は、必ずやり直しがきくものです。失敗することでルールを再確認し、これまで以上に守ろうとします。そのためにも、一度は「子どもだから」と許す指導が効果的です。

☑深い関わりが生まれる

　校庭で行っていた体育科の授業が終わって教室に戻る際、件の子どもと目を合わせてから、ブランコに目を送りました。すると、その子は首を横に振ります。さらに、それを見ていた子どもたちは、私たちの心の会話が聞こえたのか、微笑んで見守ってくれました。

　指導の際に、しっかりと子ども扱いしたことの効果は波紋のように広がり、クラス全体への触れ合いにつながっていきます。

低学年は、スキンシップをはかりながら子ども扱いすると、さらに子どもらしい素直さが引き出されます。高学年は、何度も名前を呼ぶと心の距離が縮まります。

CHAPTER.1　クラスの荒れを事前に察知！　学級崩壊させない教師の心がまえ　17

SECTION 3 共感を強要しない

相手の立場になって考える。相手の気持ちをおもんばかる。つまり共感することは、良好な人間関係を構築するには欠かせない要素です。

しかし、それは大人だからわかることです。社会経験の少ない子どもには感じられない、また、気付かないことでもあります。

こんな言葉が出てしまったら要注意！

楽しみにしている低学年が
かわいそうでしょう

低学年のためよりも、独り占めという自分の気持ちを優先した心情にも理解を示してあげよう！

☑ 高学年でも我慢するのは難しい

　小学校では、高学年が低学年のお世話をする場面がたくさんあります。高学年の子どもたちは、自分たちが低学年だった時にたくさん面倒をみてもらったように、今度はその時のお返しをする番になります。それには、自分がやりたいことを我慢しなければなりません。
　しかし、所詮、高学年もまだまだ子どもです。時には自己中心的な発想になってしまうことも教師は想定していなければなりません。

☑「わがまま」に理解を示す

　高学年であっても、小学生は子どもです。自分を優先したい、わがままをしてみたいという気持ちは理解されるべきなのです。「低学年のお世話よりも自分の時間がほしい」と心がゆれている時に、友だちからの誘いがあれば、気持ちがなびいてしまうのも自然なことでしょう。
　教師がその気持ちを理解してあげなければ、誘ったり、言い出したりしたのは友だちであって、自分には原因はないというような言い逃れに追い込んでしまいます。

☑ 許してもらうことで考えようとする

　子どもも、自己中心的な行動だということは百も承知です。だからといって、素直に注意を受け入れるかというと、そうではありません。
　正論や杓子定規にしかるのではなく、まずは「その気持ちはわかる」と理解を示し、子どもの本音を認めます。すると、子どもは許してもらったと安堵し、素直に教師の話を聞いて考え直そうと心を開きます。

低学年には、教師が気持ちを代弁してあげることが必要ですが、高学年には、質問することで共感について考えさせていきましょう。

SECTION 4
正論だから正解とは限らない

　教師が正しいことを指導すれば、子どもはそれを認め、反省するのが当然だと思いがちです。正論には正義があると思っているからです。
　しかし、子どもが素直に反省するとは限りません。押し黙ってしまう時は、教師に聞いてもらえないと「あきらめ」てしまっているのです。また、開き直る時は、上から押さえつけられたと「反発」しているのです。こうした子どもの心理を想定しながら指導しなければ、「正しさ」は伝わりません。

> こんな言葉が出てしまったら要注意！

なんで言うことを聞かないの

☑ 正論だからこそぶつかる

朝、校庭で全校運動を行う場面、一人だけ名札をつけていない子どもがいました。登校したら名札をつける規則になっているので、教師は、「教室に戻って名札をつけてきなさい」と指示を出しますが、子どもは「面倒くさい」と言って、舌打ちをしました。

こうした状況は学校生活においてよくあるもので、もちろん教師の指示は正論です。だからこそ、教師は子どもの舌打ちを「反抗的な態度」だと思ってしまい、憤慨する気持ちがふくらんでしまうのです。

☑ まずは子どもの事情を聞く

決められた通りに子どもができないのには、必ず何か理由があるはずなのです。例えば、登校がいつもより遅れてしまって慌ててしまうなどです。それを、「そうせざるをえない事情があったのだろう」と思いをめぐらし、子どもの立場で事情を聞くようにします。そうすることで、問題の本質が見え、枝葉ではなく根本の解決につながります。

☑ チャンスを与える

教師が理由を聞けば、その理由の如何によっては許してもらえるかもしれないというわずかな望みが子どもの中に芽生えます。正論をしっかり理解させるためにも、教師はこの「望み」にしっかり応えることが大切なのです。「今日は許します。でも、次回は教室に戻ってもらうよ」と今後に期待し、チャンスを与えましょう。すると、もう一度同じ間違いをしても、子どもは素直に教室に戻れます。

教師の寛大な対応は、素直な心を育てます。

理由を聞くと、押し黙ってしまうのが低学年で、高学年は饒舌になります。そうした反応の背後にある気持ちを思いやることで、言い訳が納得に変わります。

SECTION 5 トラブルは解決よりも解消

　子ども同士のトラブルが起こると、教師はつい、謝らせ、仲直りをさせることをゴールにしがちです。しかし、それだけでは表面的な対応に留まり、子どもたちは不満を残したまま下校することになってしまうでしょう。

　こうしたトラブルは、目に見える状況を解決していくよりも、それによって生じた子どもの感情に焦点を当て、それをほぐしていくことが大切です。

こんな言葉が出てしまったら要注意！

どっちが先に手を出したの

殴り合ったことではなく、不満に焦点を当てると、トラブルは無理なく解消！

☑ 白黒つけようとしない

　子どものトラブルにおいて、どちらに非があるのかと教師が白黒をつけようとすると、子どもは自分には非がなく、相手が悪いのだと正当性を主張するものです。自分が悪者になり、謝ることは避けたいと思うがために、歩み寄りはなかなか期待できないのが現状です。解決どころかこじれるだけでしょう。

　教師が無理に白黒をつけようとすればするだけ、子どもの不満は高まります。

☑ 一番許せないことを聞く

　教師が問題にしていることと子どもの不満が大きく異なることは、多々あります。そうした時、「一番許せない、相手に謝ってほしいことはなんだろう？」と聞いてあげましょう。

　子どもは、自分の不満を言うことで怒りを収めていきます。そして、自分を否定せずに聞いてくれた教師を信頼するようになります。

☑ 聞いてもらえたから聞く耳をもてる

　不満を聞いてもらったことで、子どもは冷静さを取り戻していきます。そして、落ち着きが定着してきたタイミングで、「どうする？それなら謝れるかな？」とさりげなく聞いてみましょう。すると、驚くほど素直に教師の言葉を受け入れます。

　自分の気持ちを受け入れてもらえたことで、他者の言葉に耳を貸そうとするのです。

低学年は、「どこ？」「何回？」などと見えることに意識を向けさせると冷静になり、高学年は、解決方法を問いかけることで落とし所を探ろうとします。

価値観が変わると見方が変わる

　それまでの価値観と違った見方で子どもたちを見ると、子どもたちの見え方が変わってきます。マイナスととらえていた部分も見方を変えると、プラスに映ることもあります。これをリフレーミングと言います。

　つまり、教師自身が前向きな気持ちで子どもたちを見ることで、クラスの子どもたちのトラブルや不満も指導のチャンスだと前向きな楽しい気持ちになっていきます。

こんな言葉が出てしまったら要注意！

また今朝も遅刻か〜

遅刻だけど、登校中の事故じゃなくてよかった！しかも、昨日よりも2分はやいことなど成長に目を向けよう！

☑「よかったね」と声をかける

　子どもが困ったり迷ったりしている時、「よかったね」と声をかけてみましょう。子どもにとっては「最悪」の状態です。それなのに、教師から真逆の言葉をかけられれば、当然、「エッ！　何で？」と疑問を抱き、「何がいいのだろう」と考え始めることでしょう。

　この声かけ一つで、マイナスからプラスの見方に切り替わるスイッチが自然に入っていきます。

☑子どもの不満はチャンスととらえる

　高学年を担任した4月当初、「先生なんか嫌い」と言われたことがありました。どうやら前担任と比較して、物足りなさを感じたようです。この時、私は、「嫌いになってくれてありがとう。『嫌いだ』ということは、あなたの心の中に先生がいるということでしょう」と、その子どもと関わるきっかけができたことが嬉しく、そう伝えました。

　子どもの不満をチャンスと受け止めると、子どもとの距離を縮める機会として活用してしまうことができます。

☑子どもの失敗は教師の責任

　初任の頃、わんぱくな子どもが教室の花瓶を割ってしまったことがありました。「またあの子か！」と憤っていると、ある女の子が、「先生、形あるものは壊れるんだよ」と私を諌めてくれました。

　これはまさに、「負うた子に教えられて浅瀬をわたる」です。元気な子どもが割ってしまうような場所に置いた教師が悪いのです。子どもに責任転嫁してはいけません。

低学年の失敗には、「ナイスチャレンジ」と声をかけて心機一転させましょう。高学年の失敗には、「そんなこともあるよね」と一度承認してあげるようにします。

SECTION 7 変えられないことはあきらめる

　子どもに改めてほしいと思って指導しても、それを受け入れてもらえない場合があります。教師は「正しい」と思っているので、時にはたたみかけるようにしつこく指導してしまうこともあるでしょう。すると、子どもは呼応するように態度を硬化させます。

　しかし、そんな時は、「今はしかたがない」と潔くあきらめましょう。

こんな言葉が出てしまったら要注意！

君のほうが年上なんだよ

☑「今は君の気持ちを尊重しよう」

　子どもに指導しても、なかなか理解してもらえなかったり、変化が見られなければ、一度教師のほうが引いてあきらめることです。具体的には、その指導を「止める」ようにして、説得をあきらめます。その際、教師が「わかった」と言ってしまうと、子どもの言い分を認めることになってしまうので、「今は君の気持ちを尊重しよう」と言って、その場を散会させます。

☑ あきらめると焦らなくなる

　説得しても変わろうとしない子を前にすると、何がなんでも変えてやろうという気持ちが芽生えることがあります。子どもを説得できないなんて教師の沽券に関わると、ムキになってしまうこともあるでしょう。

　しかし、あきらめるとそんな葛藤から解放されて、焦らなくなります。説得に固執せず、ほかの方法はないのかと思考も前向きに変化していきます。

☑ 視点を変える

　例えば、高学年と低学年との間でケンカが起きた時、まずは高学年の子どもから説得していくのがセオリーだと思われがちですが、状況が一向に変化しなければ、視点を変えて、低学年の子どもから説得してみることをおすすめします。低学年の子どもが、「自分にも悪いところがありました。そこは謝りたいです」などと言えば、高学年の子は思わず赤面し、「自分のほうから謝ります」と教師が思い描く変容を見せてくれるでしょう。

低学年には「君は悪くないよね」と繰り返し、高学年にはタイムアウトをとるようにすると、気持ちに変化が生まれ、落ち着いて考えを改めようとします。

CHAPTER.1　クラスの荒れを事前に察知！　学級崩壊させない教師の心がまえ　27

失敗は経験、成功は自信

　子どもが失敗したからといって、そのすべてがマイナスだというわけではありません。途中まではうまくいっていたはずです。ぜひとも、そこを成長として受け入れましょう。

　問題なのは失敗した箇所なのです。その失敗に至る過程にはどこかに不都合が必ずあったはずで、それを解消すれば、満足のいく結果は自ずと得られます。失敗の中にこそ、成功のヒントがあり、何度もチャレンジすることでそれが見えてきます。

こんな言葉が出てしまったら要注意！

しかたがないなあ

どんな順番で配膳をしようとしたのかを振り返らせよう。失敗がいい経験になるよ！

☑ ナイス・チャレンジ！

　授業中、問題が解けた子からノートを持ってくるようにさせます。答え合わせをして、もしも間違っていたら、「ナイス・チャレンジ！」と声をかけましょう。どんな子どもでも、むろん大人でも、「間違い」と言われて否定されれば落ち込むものですが、「ナイス！」と言われて意欲を評価されることで、挑戦したことに自信がもてます。そして、恥ずかしがることなく、「間違っちゃった」「なんて書いたの？」などと言いながら、お互いのノートを見せ合うことができます。

☑ 間違って、あっぱれ！

　間違っても恥ずかしがることではないと理解できれば、子どもたちはお互いの間違いを確認し合うことができます。そして、そうすることで、それ以外の解き方を考えればいいことに気付きます。

　失敗の経験が多いほど、正解に近づきます。失敗を潰すことで、成功が見えてきます。新井式回転抽選器の当たり玉と同じで、成功する確率がどんどん上がっていきます。

☑ 成功は自信を生み、立ち直りをはやめる

　成功体験は、やればできるという自信になります。それは新しいことへの挑戦意欲を喚起します。同時に、やらなければ成功はないという経験でもあります。また、仮に失敗しても、立ち直りがはやいので何回でも挑戦します。その結果として、さらに成功確率を高めることができるのです。

低学年は、友だちの経験を見ることで、自分にもできるのではないかと思います。高学年は、過程を示されることで、「やれるかも」という可能性を見出します。

気にしないで、気にかける

　「気にする」と「気にかける」は、両者ともに心配するという意味の言葉です。「気にする」には不安というマイナスイメージもあり、「気にしない」はそれを意識的にしないということです。
　それに対して、「気にかける」には気づかう、見守るというプラスイメージがあります。

こんな言葉が出てしまったら要注意！

自分勝手はいけないよ

友だちに不満があることに気付けたら、改められる。それを信じよう！

☑ 気になっても声をかけない

　子どもに失敗や過ちを繰り返してほしくないと思ったら、気になってすぐにも一言声をかけたくなるものです。しかし、そんな時でも、ストレートに指導しようとするのではなく、その子が失敗や過ちを繰り返さない環境をさりげなくつくっていくことが大切です。

　そうした環境の中で、教師に指導されずにすめば、子どもは自分自身の力で前に進めたと感じ、自信にすることができます。

☑ 二人だけのサインを決める

　もちろん、教師が何もアクションを起こさなければ、子どもは変わりません。教師が気にかけていることに気付かせなければ、子どもを成長させることはできないのです。

　おすすめの方法の一つが、教師とその子との間で、二人だけの「気にかけているサイン」を決め、子どもが目線を送ってくるなど、求めに応じてサインを送り合う方法です。子どもは教師が気にかけてくれていることを受け止め、安心感を得て、これまでの教師の指導やアドバイスを思い出しながら、再び失敗や過ちを繰り返さないよう、素直に変化を起こしていきます。

　例えば、マラソン大会などでは、応援する位置を事前に伝えておくようにします。その場所は、いつも子どもが苦しくなってあきらめそうになる地点にします。その場所で教師の姿を見ることで元気が湧き、乗り越えられるという励みになります。子どもと先生だけの秘密、元気が出る場所です。

低学年には、直接気にかけていることを告げてから、あえて声をかけないようにします。高学年には、周囲へアドバイスすることで、その子を気にかけていることを察知させます。

「できること」「できたこと」に気付かせる

　自分ができていることや、友だちよりも上手なことに気付かない子どもは、その行動をなんとなく行っています。自分が大したことをしているなどとはまったく思っていません。それどころか、自分の取り組みに確信をもてず、控えめになってしまうこともあります。
　「なんとなく」を確信に変えるには、「できること」「できたこと」に気付かせることが大切です。

こんな言葉が出てしまったら要注意！

上手だね

具体的に質問して振り返らせ、できたことに気付かせよう！

☑ 質問で気付かせる

　できていることに確信をもてないでいる子どもに気付かせるためには、質問が欠かせません。「どうやったの？」と聞くことで、具体的に過程を振り返らせることができます。あるいは、「どう思う？」と気持ちを聞くことで、自分ができたことの価値に気付かせることができます。

　そして最後に、教師自身が共感し、感心していることを伝えて、自分以外の人に影響を与えたことにも気付かせます。

☑ 友だちを介して気付かせる

　Aさんの体育科ノートに、「今日のサッカーの試合は、Bくんがパスをしてくれたからゴールができた」とありました。他にも、Bくんからのアドバイスとそれに対する感謝の言葉があります。

　Bくんにそれを伝えると、「よっしゃ！」とガッツポーズをとり、自分の行動を振り返っていました。自分の行動と、それによって人の役に立てたことを、友だちのノートからも気付かせることができます。

☑ 記録した過去と今を比べる

　「できる」「できた」ということは、それまではできなかったということです。体育科のように、子どもが自覚的にわかるものはいいのですが、そうでないものについては、教師ができるだけ記録しておき、できた時に過去の状況と比較させられるように伝えていきましょう。子ども自身が自分の変容や成長に気付くことができます。

低学年は、友だちの前で気付かせると、みんなに祝福されて次の成長につながります。高学年の特に女子については、妬みをかうことがないよう、さりげなく気付かせる配慮が必要です。

CHAPTER.1　クラスの荒れを事前に察知！　学級崩壊させない教師の心がまえ

先生なら、しかられるほうがいい

　ある日、封書に入った手紙を子どもから渡されました。保護者からの手紙を読むのは、いつでも緊張するものです。おそるおそる封を切りました。

　「(前略)息子に、『いつもママに同じことを言われて怒られているばかりで嫌じゃないの？　しかられるのと、ほめられるのとでは、どっちがいいの？』と聞いてみました。すると、ほめられるの。でも、城ヶ﨑先生の時だけは、しかられるほうがいい。だって面白いんだよ』と答えが返ってきたのです」

　しかると、子どもは自分の正当性を主張してきます。例えば、「回数が合わないなあ」と矛盾を指摘すると、顔を真っ赤にしてしどろもどろになります。そうした時、「3回－1回は2回なんだけど、どうして1回になるのかな。説教は終わり。これから1年生の算数の勉強を始めます」と笑って言うと、「ごめんなさい」としおらしくなります。

　子どもをしかる時の定番フレーズに、「何で？」「どうして？」があります。しかし、感情を聞けば、子どもは感情で返してきます。感情に焦点を当ててしまうと主観的な見方になり、教師は自分がイメージした筋書で対処しようとしてしまいます。それに対して、「どこ？」「何回？」などの具体的な回答を引き出す聞き方をすれば、客観的な見方で冷静に対処できます。

CHAPTER 2

指導のヒントはここ！

気にならない子の「気にとめ方」

意識していないから気にとめられないのです。
気にとめるには意識することです。
それには、当たり前のことに新鮮さを感じることです。

気にならない子を「気にとめる」とは

　「気にとめる」の「とめる」は漢字で「留める」と書きますが、離れそうなものを固定して取れないようにするという意味があります。それに、「気に」が付くと、「気にする」「はっきり意識し、記憶する」となります。

　気にとめられるようになれば、クラスの子どもたち一人ひとりを取りこぼさず、しっかりと評価することができます。

☑「気になる子」をあえて気にする

　オセロの盤上で、白の中に黒が1つだけになると、それだけに目がいってしまい、ある種異質なものと認識されて、常に気になって見てしまうものです。

　クラスの中における「気になる子」の存在もこれと似たようなところがありますが、担任の教師として、「気になる子」を気にしている自分をあえて肯定することが大切です。そうすることで、自然と目は外に向き、思った以上に「気にならない子」が大多数であることに気付かされるでしょう。その「気にならない子」のよさがわかり、どんどん気にとまるようになっていきます。

☑声をかけるから、気にとまる

　おとなしい子どもは、自分から教師に話しかけてきません。だからといって、教師に話しかけてくる子どもだけを相手にしていると、そうした子どもの存在をつい忘れてしまいます。

　そこで、教師のほうから意識的に声をかけていきましょう。それが

習慣化すると、声をかけなくても、その存在を感じるようになります。

☑ 意識して気にとめる

　授業は学習のねらいを達成するために行います。だからこそ、それに関わる子どもたちの発言は聞き逃さず、記述されたものには目がとまるのです。また、予想外の妙案にも気付くようになります。

　このように気にとめることを意識して子どもの前に立つと、そのようにふるまっている子どもの存在が気になります。

☑ 振り返りで「気にならない子」を明らかにする

　放課後になると、どの学校でも、その日の振り返りを行うことでしょう。その際、自主的に発表したり、話しかけたりしてきた子どもなど、児童名簿にその回数を記録していくことをおすすめします。そうすることで、記録がつかなかった子、つまりその日、「気にならない子」が明らかになるのです。

　翌日は、意識的にその子どもたちを注視し、教師のほうから積極的に関わりをもつようにします。

☑ 気にならない「よさ」を伝える

　「気にならない子」は、指導の必要がない子、つまり「いい子」です。しかし、ほとんどの子どもがそうした状態に無自覚であるため、よいことを行っているとは微塵も思っていません。また、教師がほめていかなければ、実感させることもできないままです。

　そこで、こうした子に、その子自身の「よさ」を伝えていきます。子どもは自分の「よさ」に気が付くことで、次からは自覚的に行うようになります。そして、その瞬間を見逃さず、教師から目線を送りながら「気にとめているメッセージ」を送り続けていくのです。

穏やかで教師を安心させてくれる子ども

　日頃、穏やかに過ごしている子に対しては、教師の話を理解し、不満や困り感を抱くこともなく、毎日の学校生活に納得しているものと勘違いしてしまいがちです。

　子どもの様子から特に心配することもなく、それによってつい意識からはずれてしまいます。ましてや、集中できずに騒がしい子がいれば、教師はその子どもに気をとられてしまって、穏やかな子どもの存在を忘れてしまいます。

こんな様子が見られたら要注意！

遠慮してくれる

38

☑「困る前に教えてね！」

　一見、不満がまったくないようであったり、納得して穏やかに対応していたりするからといっても、その心の内も同じ状態であるとは限りません。クラスの状況に不満を抱き、じっと我慢をしているかもしれません。もしも、子どもに不満があったとしても、自分のイメージを損ねたくない思いがあるため、その後も穏やかさを通してしまうでしょう。特に聞き分けのいい子には、教師のほうからいつでも頼るように声かけしておくことが必須です。

☑ あえて穏やかさを強調させる

　そうした子とは一度相談をして、困った時に使える教師と二人だけのサインを決めておきます。例えば、困ったことがあったら、手を膝の上に置き、よい姿勢でじっとしているようにして、あえて穏やかな姿を強調させるようにします。普段から穏やかなので周りの友だちも気になりません。サインを受け取ったら、教師がすぐにそばに歩み寄るようにすれば、自分のことをわかってもらえたと気付き、安心してその後を過ごせます。

☑ 気持ちや表情はそのまま人に影響を及ぼす

　穏やかでいることは、相手をあたたかく幸せな気持ちにさせてくれます。その姿のよさや素晴らしさを、ぜひとも伝えていきましょう。

　伝える際は、教師も同様に穏やかな口調で、「あなたを見ているとホッとできるよ。先生はあなたといるといつも穏やかでいられるよ」というように、穏やかさが他人にもよい影響を及ぼすことを意識化させるようにします。

遠慮をする子には、低学年には、「遠慮しなくてもいいんだよ」と促し、高学年には、クラス全員に「遠慮しなくてもいいんだよ」と呼びかけてから、該当する子どもと目を合わせるようにします。

SECTION 2 教えたことを素直に実践する子ども

　素直に取り組んでいる子も、自信をもって実践しているとは限りません。教師の信頼を損なわないために、見切り発車的に実践していることもあります。さらには、教師の顔色をうかがい、本当の自分にフタをしている可能性もあります。

　教師にとっては素直であっても、見方を変えると「素直にさせられている」ともとらえられます。

こんな様子が見られたら要注意！

ルールを厳守しすぎる

おかわりはおたま2杯。それ以上はダメだよ。ルール厳守！

あっ！2杯目が……

シュン……

ルール厳守だけれど、すくい損ねなどは融通を利かせて、ノーカウントにしてあげよう！

☑ できなくて当たり前だと思う

　小学生であれば、当然、教えたことができない時があります。むしろ、できなくて当たり前ということもあるでしょう。「ちゃんと教えたでしょう。なんでそれができないの」などと指摘すれば、素直に取り組んでいる子であっても、「できない子」というレッテルが貼られ、取り組みに消極的になってしまいます。

　そんな時は、「子どもだからしかたがない」と寛大に対処することが何よりも大切です。子どもは「もう１回！」と気持ちを立て直し、粘り強さを発揮していきます。

☑ スキンシップで安心させる

　教師の期待に応えたくて、子どもは素直に実践しています。決して自信をもってそうしているわけではありません。むしろ、心の中は不安や迷いでいっぱいになっていることでしょう。

　不安や迷いを安心に変えてあげるためには、スキンシップが有効です。肌が触れることで、たちまち安心することができるだけではなく、そこには「大丈夫！」という教師からのメッセージが含まれ、子どもはそれをしっかり受け取ります。

☑ わざと教師が失敗する

　子どもの価値基準が「教師に満足してもらえること」になってしまうと、本来の自分とは異なる自分を演じるようになってしまいます。熱心な教師ほど、そんな子どもを育ててしまう傾向があるようです。

　そこで、わざと教師が間違えてみせます。教師の失敗を見せることで、子どもは「先生でも失敗するのか」と安心できます。

実践中、低学年には、「いいね！」と大げさにほめるとやる気になり、高学年には、「できているよ」とさりげなく声をかけると安心して取り組みます。

CHAPTER.2　指導のヒントはここ！　気にならない子の「気にとめ方」　41

他人の評価に左右されない子ども

　自分の考えに自信があれば、他人の評価に左右されることはありません。でも、どうしてそんなに自信があるのでしょう。それは、大人に守られてきたからです。失敗しても受け入れてもらえるという安心感が支えになって、自分を信じられるのです。これは、自己中心的な思考によるものではなく、自分軸で行動できる前向きな姿勢と解釈しましょう。

　教師の評価でそうした子どもの意欲を押しつぶしてはいけません。見守り、アドバイスしながら、さらに成長を引き出していきます。

こんな様子が見られたら要注意！

教師の判断や評価に目を背ける

先生の言うことを聞いて平泳ぎにしていたら、入賞できたのに！

でも、クロールで挑戦したかったんです

教師が先に評価するのではなく、「自分の泳ぎはどうだった？」と自己評価を優先させるようにしよう！

☑ 自分で自分を評価させる

　他人の評価が気になるということは、自分が誰かに見られているという意識が強いということです。自分がどのように評価されているのかが気になり、ますます気を張り詰めてしまって、気は休まりません。

　子どもを、評価される側ではなく、評価する側にして、自分で自分を見極める力を育てていきます。

☑ 他人の意見は別の視点

　他人の評価に左右されないということは、自分が信じているやり方を通すことです。見方によっては、他者からのアドバイスに目を背けているともいえます。

　自分の評価はもちろん必要ですが、それだけで判断しては視野を狭くします。そこで、友だちの評価をあえて提示します。知らせるだけでいいのです。そんな考えもあることを、子ども自身が「知る」のが大事なのです。

☑ 結果を問わない

　自分の評価・判断で行動して、その結果、うまくいったのであれば、必ず「素晴らしい！」とほめてあげましょう。

　しかし、失敗する時も当然あります。そして、その結果を責めるようなことを言われてしまえば、自信は一気に失われ、次からは人の意見に従うようになってしまうでしょう。そのほうが責任を問われないからです。

　失敗した時には、「そういうこともある」と結果にとらわれないように励まし、挑戦したことをしっかりほめます。

他人の評価を受け入れることも大切です。低学年には、子どもらしいことであると賞賛し、高学年には、自他の評価を融合させた判断もできるように導きます。

CHAPTER.2　指導のヒントはここ！　気にならない子の「気にとめ方」　43

SECTION 4 異なる意見にも共感できる子ども

　「共感」の反対は、「反感」「反発」です。自分と異なる意見には、その感情が先立つものです。それにフタをして、共感を優先させてしまうのは同調圧力が作用しているからです。

　同調ではなく心から共感するには、クラスの中で反対しても受け入れてもらえるという安心感を育てていくことが必要です。

こんな様子が見られたら要注意！

同調しながらも残念な表情をしている

多数を尊重して納得しているわけではないのに、どうしておにごっこに挙手をしたのかを聞いてあげよう！

☑ 目的を共有する

　話し合いの際は、目的を明確にしなければなりません。子どもの意見は、その目的を達成できるかどうかという視点で賛成・反対の意思表示をさせるように促します。そして、意見を出し合い、それらを補ったり調整したりしながら目的に迫る活動だということを共通理解させて行います。

　目的を黒板などに書いて視覚化すると、話し合いの焦点がぼやけてきても、すぐに修正できます。

☑ 反対意見に共感させる

　反対意見だからといって、最初から拒否するのではなく、まずは耳を傾けてみるように指導します。反対意見に対しては、大人でも感情的になってしまうものですが、最後までじっくりと聞き通す姿勢を身につけさせなければなりません。

　反対意見を聞いたら、反対する根拠を客観的に検討してみるようにさせます。つまり、反対意見に共感させるのです。

☑ 意見を変える勇気・認める寛容

　話し合いの目的は論破することではなく、よりよい目的にみんなでたどり着くことです。賛成意見も反対意見も、そのための知恵です。

　意見を変えることは変節ではありません。変容です。反対意見のよさを認める寛容さがそうさせるのです。どこに納得したのか根拠をもって意見を変えられる文化を、教師が具体的にアドバイスしながらクラスの中につくっていきましょう。

低学年の話し合いでは、共感できたらすぐにほめると、それがよいことだと理解させられます。高学年では、「○○くんの意見」を枕詞にさせると客観性をもたせられます。

SECTION 5 友だちの話に耳を傾けられる子ども

　黙って友だちの話を聞くことができる。これは、友だちの話に共感し、おもんばかっていることの表れです。

　しかし一方では、途中で自分の意見を言ったり、「今は話を聞けない」と断ったりすることができないなど、友だちに対する遠慮がそうさせてもいます。

　つまり、耳を傾けているようで、じつは我慢をして話を聞いている場合もあるのです。これは、友だちとのトラブルを回避するという自己防衛でもあります。

こんな様子が見られたら要注意！

曖昧な返事をしたり、不自然に話を盛り上げている

困っている状況を見極めて、「放課後に予定がある日は何曜日だっけ？」などと聞き、今日は都合が悪いことを言えるようにアドバイスしよう！

☑ 話を整理して確認する

　自分のためではなく、相手のために話を聞いている優しいタイプの子どもはよくいるものです。ただ、優しいのではなく、じつは返事に困っていたり、話の内容が理解できていなかったりすることもあります。「聞いているつもり状態」です。こうした状況に陥っていたら、友だちの話を整理し、それを教師が質問や同意というかたちで確認してあげるようにすると、安心して能動的に話が聞けるようになります。

☑ 話を聞く時間は年齢分

　子どもは話を聞かないものです。すぐに飽きるものです。友だちの話に耳を傾けるというのは、本来、大人レベルの行為なのです。
　子どもらしさを発揮させるためにも、集中して聞ける時間を教えるようにします。基本的に、人の話を聞ける時間は年齢と同じだけの時間と考えるといいでしょう。7歳なら7分、10歳なら10分となります。終わりの時間がわかっていれば、それまでは友だちの話を理解しようと一生懸命になれます。

☑ 仕草で意思を間接的に伝える

　相手が黙って話を聞いてくれていると、聞き手の気持ちや都合はお構いなく、誤解したまま話を続けてしまいます。
　友だちの話に疑問が生じたら首をひねり、話を聞く時間がなくなったと思ったら時計に目をやるなどすれば間ができ、話し手は事情を察してくれます。日頃から対話トレーニングの時間を設けるなどして、自分の意思を仕草で伝えることができるよう身につけさせていきましょう。

低学年には、聞いている子どもの気持ちを想像し、代弁するようにします。高学年には、「それでいいの？」と聞き返し、自分の気持ちにフタをさせないようにします。

「なんで」ではなく「どうしたら」を考えられる子ども

　「どうしたら」という質問は、もっとよい方法を探すことになるため、自分だけでなく他者のことまで含めて活かすことを考えます。その時、よい方法を追求するあまり、自分のことを後回しにしてしまうこともあるため、注意をもって気にとめていく必要があります。

　そこで、「あなたにとってどうなの？」と質問し、自分を犠牲にしていないか、我慢をしていないかを確認しながら見守りましょう。

 こんな様子が見られたら要注意！

期待に応えようと頑張りすぎている

教えている子に「2回同じことを教えても友だちがわからなければ、先生が代わるからね」と声をかけ、上手くいかなくても大丈夫だと安心させよう！

☑ 否定的な感情を捨てられたことをほめる

「なんで」ではネガティブな思考に陥りがちです。また、「『なんで』と思わないようにしよう」と意識すればするほど余計に頭に残ってしまうものです。

そんな時に、「どうしたら」と思考を転換できるのは素晴らしいことです。そのことをしっかりほめて、成長したことを自覚させましょう。

☑ 期待に応えなくてもいい

「できるだろうか?」が「できる」に、さらには「できて当たり前」と期待は高まりますが、「できないこともある」と自分に期待しないようにさせることも大切です。そうすることで、できない時は「なんで」と自分を責めることなく、できた時は丸儲けと自分に都合よく考えられます。

いつもうまくいくとは限りません。失敗のほうが多いのです。

☑ やり方は一つではない

自分のやり方で手を替え品を替え対応しようとすると、上手くいかなくなった時、「なんで」ではネガティブ思考が優位になり、誤った判断を招いてしまうことがあります。

しかし、「どうしたら」と考えれば、ポジティブに視点を変えていくことができ、たとえ目的を達成できなくても、納得して終えることができます。

低学年では、教師が「どうしたら」を口癖にすると、素直に真似をします。高学年では、「『なんで』は『どうしたら』」と格言にして定着させましょう。

CHAPTER.2 指導のヒントはここ! 気にならない子の「気にとめ方」 49

SECTION 7 「先生」を枕詞に丁寧語や敬語で話しかけてくる子ども

　相手との関係で年齢差や立場の違い、距離があれば、当然、仲間言葉をつかうわけにはいきません。丁寧語や敬語を用いて敬意を表し、会話を行うものです。これは、つまり相手との距離をはかりながら気づかうことができているということです。

　これが完璧にできるのは、大人レベルのマナーであり、そういう意味では、小学生には丁寧語や敬語は少し不似合いとも言えるかもしれません。こうした表現をつかう子どもの真意を推し量り、気にとめていかなければなりません。

こんな様子が見られたら要注意！

不自然なほど丁寧すぎる言葉で話しかけてくる

先生、教えていただきたいのですが、次の書写は硬筆ですか？それとも毛筆ですか？

ふっ、筆がない！

次は毛筆です。Aくん、丁寧に質問できて偉いね！

丁寧さの言葉の裏には困りごとがあるもの。真意を探るためにも、仲間言葉で会話を続けてみよう！

☑「ちゃん付け」で名前を呼ぶ

　子どもを「〇〇さん」と呼べば、「はい」と姿勢を正し、素早く返事をします。一方、「〇〇ちゃん」と呼べば、「なあに」とふんわりと答えます。「ちゃん」には、自分を幼く扱ってもらえる、子どもとして大事にしてもらえるという信頼感があります。その結果、甘えさせてもらえるという安心感をもつことができます。教師がつかう言葉に込められた感情を、子どもは敏感に読み取ります。

☑「おうちではどう言うの？」と聞いてみる

　例えば、「先生、申し訳ありません。この問題がわからないので、教えていただけませんか」と子どもが丁寧に質問してきたら、すかさず「おうちではどう言うの？」と聞いてみましょう。子どもは、「ねえ、この問題がわからない。教えて」と答えるはずです。

　こうした例からもわかるように、丁寧語では「相手への要望」を伝えていますが、仲間言葉では「自分の感情」を先に伝えていることに気付きます。

☑仲間言葉をつかって距離を縮める

　相手との良好な関係を保つコミュニケーションとして丁寧語や敬語はつかわれます。ただし、そこには多少の遠慮があることが前提です。丁寧語や敬語は、積極的に距離を縮め、仲よくなるための言葉ではないのです。子どもらしさを引き出すためには、教師のほうから降りていきましょう。子どもの保護者になったつもりで、仲間言葉で声かけをするのがポイントです。

低学年の会話は仲間言葉が基本なので、そのまま同じ言葉づかいで話します。高学年との会話では、丁寧語を仲間言葉に言い換えて会話を続けましょう。

CHAPTER.2　指導のヒントはここ！　気にならない子の「気にとめ方」

言い淀んだりせずに ハキハキと話せる子ども

　人は自分をよく見せたいと思うと、相手の望む姿であろうとします。それは相手に受け入れてもらいたい、わかってもらいたいという思いが強いからなのです。しかし、それは不安の裏返しでもあり、無理をしていることもままあります。小学生であればなおさらです。自分を教師によく見せたいと思うほど、ハキハキ、テキパキと行動します。

　必要以上に張り切りすぎたり、相手を求めなくてもよい学級環境にしていくためにも、教師が子どもの横に歩み寄り、安心感を与えていきましょう。

こんな様子が見られたら要注意！

語気が強く、まくしたてるように話す

子どもの横に移動して、子どもの口調よりも遅いスピードで頷きましょう。その子らしい発表ができるようになります！

☑ できていることに焦点を当てて質問をする

　子どもはできていることは自覚的に行っていないことがほとんどです。できるようになればなるほど無意識になります。当たり前とはそういうことなのです。それは、その子自身が自分のよさを忘れてしまっているともいえます。

　そこで、「どうしてそんなにハキハキ話せるの？」と、できていることに焦点を当てて質問します。教師の質問をきっかけにして自分を振り返ることができると同時に、自分のよさを自覚していきます。

☑ できていることを「定着させる質問」をする

　自分のよさを自覚できてから、さらにそれを定着につなげると、本物になります。そこで、「もっとうまくできるには？」や「これからもそうあり続けるには？」などと質問してみましょう。これは、行動（習慣）の精度を上げる質問です。

　ハキハキと話すには何を意識しているのか、その結果、どんなよさがあるのかを言葉にさせます。

☑ 言葉を繰り返す

　ハキハキと話す子どもには、自分の意思を伝えたい、わかってほしいという思いが強いタイプが多いです。これは、自己主張が強いとも言い換えられます。そのため、語気が強くなってしまうのです。

　その強さをやわらげるためにも、教師は子どもよりもゆっくりした口調で子どもが発した言葉を繰り返したり、頷いたりするようにします。そうして、意図して丁寧に話す環境をつくってあげると、その子のよさがより伝わりやすい話し方ができるようになります。

日頃から、聞き手側の気持ちを伝えていくようにしましょう。低学年では話の内容を理解できたことを、高学年では気持ちよく聞けたことを伝えます。

CHAPTER.2　指導のヒントはここ！　気にならない子の「気にとめ方」　53

SECTION 9 結果に対して冷静に受け取る子ども

　例えば、イソップ物語の「ウサギとカメ」の話からは、目標設定の違いを学ぶことができます。ウサギはカメという他との比較で油断してしまいますが、カメは自分のペースを知り、その上で全力で努力することを目標として競争しています。

　成長とは、自分を常に向上させることです。他人との比較ではなく、自分を振り返りながら一生懸命に努力することです。ウサギもカメではなく、自分自身の目標達成のために一休みをするのならば油断にはつながらず、成果が得られたことでしょう。

こんな様子が見られたら要注意！

友だちの成功を見て焦っている

いいね！1回できたね！
すぐに10回はいけるよ！
Aさん目指して頑張ろうね！

はい……

できた1回を評価して、10回ではなく「1回をいつでも楽にできるようにしようね」と今できることの精度を上げるように意識させよう！

☑ できることの精度を高める

　一つのことができるとすぐに欲が出て、さらなる成長を期待してしまうものです。

　例えば、習いごとの多くには段位があって、初段（黒帯）になると二段を目指します。しかし、黒帯になったということは、白帯を卒業して、黒帯の資格を得たということです。次の課題は、二段を目指すのではなく、初段を極めることが大切なのです。

☑ できたポイントを振り返る

　子どもは、多くの場合、無意識に行動しています。「だからできた」ではなく、「いつの間にかできた」の繰り返しです。

　精度を高めていくためにも、達成できた要因の中でもっとも効果的であったことを振り返らせたり、自分の努力に軽重をつけさせたりするようにします。達成までの過程を整理することは、次へのステップアップのための礎となります。

☑ 頑張れないこと、できないこともある

　自分の成長に気付くと、「努力すれば成果は実る」と大きく期待してしまうものです。それは意欲を喚起させますが、いつでも必ず目標を達成できるとは限りません。

　そうした時には、「君には無理」と個人を否定するのではなく、タイミングや経過時間を課題にしながら、次のチャンスに向けてアドバイスを送るようにしていきます。

目標を達成した時、低学年には「できたね！」と感情で、高学年には「こう変わったね」と具体的な事実でその成長を伝えます。

CHAPTER.2　指導のヒントはここ！　気にならない子の「気にとめ方」　55

相手を察して一言添えられる子ども

　相手が何を望んでいるのかを推し量ることができると、気の利いた一言を伝えることができます。それは、これまでの経験の賜物であり、身についた所作です。

　しかし、子どもはそうした一言が相手の心地よさを引き出していることに気付きません。そこで、教師は、一言添えてくれたことへの感謝を伝えるようにします。

こんな様子が見られたら要注意！

感謝や見返りを求めているような表情をしている

「ありがとう」の後に、「この後、そうしようと思っていたんだ。よくわかったね」と感心と感謝の気持ちを伝えよう！

☑「あ・い・さ・つ」の「つ」は「つけたす」の「つ」

「明るく・いつも・先に・続けて」は、挨拶にまつわる合言葉として広く知られています。ただし、私は、「つ」については「つけたす」と教えています。まさに、一言添えるということです。

子どもは一言添える行為とその意味が理解できていないので、「つけたす」ことの効果を具体的に教えていくと、自覚的に実行していくようになります。

☑まずは健康観察で一言添える練習を

朝の健康観察で呼名されると、子どもは「はい、元気です」と健康状態を告げます。そこに、ぜひ、一言添える練習を加えていきましょう。例えば、「昨日の夕飯」とテーマを絞って提示すると、自然と一言添えられるようになります。

自分のことで一言添えられるようになったら、次は、呼名された友だちのことを話題にするなど工夫をしていきましょう。

☑ほめるよりも「気持ち」を伝える

「ほめる」とは、相手の行為を承認することです。また、承認されると、その行為を継続しようと努力します。しかし、ほめられたから行うのでは、見返りを求めている行為になってしまいます。

子どもが一言添えたら、ただほめるのではなく、添えられた側の気持ちを伝えるようにしましょう。相手を喜ばせていると意識することで、添えた側も心地よくなっていきます。

一言添えられることで、低学年はさらに「先生、あのね」と自分が話すきっかけになります。また、高学年は相手が話しやすい雰囲気がつくれるようになります。

よき見守りがよき解釈を生む

　修了式の日、子どもから手紙をもらいました。
　「私は城ヶ﨑先生の授業が大好きです。先生とお話をするのが楽しかったです。来年も城ヶ﨑先生がいいです。
　でも、私が一番嫌なのは、城ヶ﨑先生がこの学校からいなくなることです。私は城ヶ﨑先生が来て1か月くらいたった時、お母さんに『毎日が楽しい』と言いました。すると、お母さんから『そうだよね。いい先生でよかったね。一日一日を大切に』と言われて、なぜかとても嬉しかったです。7か月間はあっという間でした。私は先生の考え方がとても好きでした。」
　教師は授業が命です。その授業を、子どもから「大好き」と言ってもらえたことが最大のほめ言葉です。また、「考え方がとても好き」には驚きました。
　物事をよく解釈できるのは、保護者の日頃の「子育て」「見守り」の賜物です。子どもが「楽しい」という気持ちに、「そうだよね」と共感し、さらに「いい先生だよね」と評価を加える。
　子どもは自分の考えが間違っていないという安心感と、自分の考え方を受け入れてくれる保護者をますます信頼していきます。

ここがポイント！

気にならない子を「見落とさない方法」

意識しているから見落としたことに気付きます。
見落としたことを自覚すると、
次は向こうからそれが目に飛び込んできます。

気にならない子を「見落とさない」とは

　「見落とさない」の「落とす」とは、得られるはずのものが得られないで終わる状態をいいます。また、この状態には、注意が行き届かない、ぼんやりしてという「つい、うっかりと」が付随します。
　この「落とす」に「見る」が付くと、「心ここに在らざれば、視れども見えず」となってしまいます。
　気にならない子を「見落とさない」ためには、「見落としてしまう」状況やその結果、また、リカバリーの方法などを押さえておく必要があります。

☑ 悪気がないから繰り返す

　「つい、うっかりと」には悪気がありません。むしろ、悪いと思っていないため、その理由を反省しようとしません。まるで他人事です。だから、繰り返してしまうのです。
　特に、普段問題のない子どもの場合は、その変化を見落としがちです。見落としてしまったら、「つい」と思わずに、「しまった！」と自分事として受け止め、見落とす状況に向き合うことが大切です。

☑ 見落とすから見落とさなくなる

　見落としてしまったのは、これまでその見落とした状況を一度も自覚しなかったからにすぎません。
　見落としたことに気付くと、自分の至らなさや準備不足を痛感し、失敗を肝に命じることでしょう。そして、その見落としを再び引き起こさないよう、対策を立て、常に注視するようになります。見落とし

たことによって、見落とさなくなるのです。

☑ ねらいをもって動く

　例えば、授業中、子どもたちが自力解決をしている時、教師は子どものノートを見ながら、指名計画を立てていきます。そうした時、見落としを引き起こさないためには、事前に期待する解答をイメージしながら、ねらいをもって机間指導をすることです。すると、ピッとアンテナに引っかかり、ノートのほうから「指名して」と語りかけてきて、見落としがなくなり、思わず立ち止まってしまいます。

☑ 最悪の状態を想起する

　書写の時間、子どもが硯を直に机の上に置いていました。その机に友だちがぶつかってしまい、硯から墨がこぼれて、机はもちろん周辺の床が真っ黒になってしまいました。
　これは、まさに硯の下に何も敷いていないことを見落としていたことによります。机にぶつかるという想像力が欠けていたことも反省すべきです。
　普段きちんとできている子どもであっても、墨を扱えばこぼす失敗もあると想定できていれば、回避できた出来事です。

☑ 同じ質問を二度する

　子どもの言動が気になる時、教師は声をかけるものですが、気丈にふるまう様子を目の当たりにすると、安心してしまうことがあります。この安心により見落としが発生し、そのために後々大事に至ることがあります。
　こうした見落としを回避するためには、確認を二度行うことが必要です。また、その際には、一度目と二度目で言葉を変えて聞くようにしましょう。子どもの言い方が異なる時は、問題を抱えているというサインです。

SECTION 1 決まりごとをちゃんと守っている子ども

　決まりごとやルールは正しいことであり、守らなければならないものだと子どもは理解しています。しかし、それがあまりにも習慣化してしまうと、いつの間にか無意識のことになって、守ればいいだけになり、ルールの背景や意味を理解することなく行動していることがあります。ルールを守れている自分を評価することもなく、逆に、守れないような状況になってしまった時は、ひどく落ち込んだりします。

　こうした状況を見落とさないためには、ちょっとした声かけや質問が効果的です。

こんな様子が見られたら要注意！

珍しくルール通りに行動しない

「いつも登校したら宿題から先に出すんだね」と言って、無意識になっている行為も教師が普段からしっかり見ていることを伝えよう！

☑ 行動する前に声をかける

　事前に声をかけられると、これからやろうとすることを自覚的に行うことができます。例えば、名札入れから名札を取った瞬間を見落とさず、「今、つけるの？　それとも、席に着いてからつけるの？」と聞くようにするのです。じつは、決まりごとは守れていても、これまで歩きながらつけるという危険なやり方をしていたのです。その日からは、名札入れの前ですぐにつけ替えるように修正されました。

☑ 「～していないことはない」と否定を否定する

　また教師が、「名札をつけていない」と子どもの左胸を指差します。子どもは「あれ？」という表情で左胸を見て、手を当てます。少し間を空け、「ということはないよね」と補足すると、子どもは安堵し、笑みを浮かべます。

　こうした方法をとると、ルールを意識して守っているのか、無意識になってしまっているのかを確認することができます。

☑ 再現させる

　子どもが名札を取った後に、「どちらの手で取ったの？」と聞いてみましょう。子どもは「えっ」という表情を浮かべ、左右の手を見比べ、思い出そうとします。すかさず「もう一度取ってみて」と促すと、踵を返し、名札入れの前に立ちます。左手で名札を取り、右手でそれを胸につけていることに気付きます。

　子どもの無意識が自覚に変わる瞬間です。

ルールを守れている低学年には、「いつも」を枕詞に「いつも～しているね」とほめます。高学年には、「どうしたら～できるの？」と問い、さらに意識付けをはかるようにします。

SECTION 2 ほめられることを前提にしていない子ども

　「先生がたくさんほめてくれたので、学校へ行くのが楽しくなりました」と子どもから言われたことがあります。その子はいつも通りのことをしただけですし、周りもいつもその姿を見慣れているので、ほめるほどではないようなことですが、この「いつも通り」こそ見落とさず、教師がほめていってあげることが大切なのです。

こんな様子が見られたら要注意！

ほめられても、「？」という反応をした時

「しっかり雑巾を絞っているね。力を入れて掃除をしようとしていることが表れているよ」と絞り方が掃除態度に結びついていることをほめよう！

☑ ほめることが会話のきっかけになる

　子どもがほめられることを前提にしていないということは、ほめられる機会が少ないことを意味しています。また、そもそも教師と子どもとの会話が少ないことを表しています。

　日頃から、にこやかに雑談をしていれば、いつの間にかたくさんの子どもたちがその輪に加わり、クラスにあたたかな輪が広がっていきます。

☑ ほめ合える習慣をつくる

　そもそも子ども自身がほめられることを前提にしていないのですから、友だちもほめるに値する行為だという認識がありません。また、そうした状況であれば、「いい子ぶっている」という妬みをかうこともないので、クラスの中で目立たずに、友だとの関係を損ねることもありません。その子にとって心地よい空間となります。

　しかし、こうした心理状況こそが仲間はずれやいじめの原因となります。まずは教師が率先してほめ、クラスの中にほめ合える習慣をつくっていきましょう。

☑ 当たり前でもほめられること

　ほめられると思っていなければ、教師のほめ言葉は意外な言葉に聞こえます。かつて、荒れているクラスを年度途中で受けもった時、ある子どもから「私にとって当たり前のことをほめてくれて嬉しかった。これからは、ほめられなくても続けようと思います」という手紙をもらったことがあります。子どもにとって「当たり前でもほめられることなんだ」という意識をもたせなければいけません。

低学年には「学校で会えて嬉しいよ」という気持ちを、高学年には「今日も元気に登校したね」と事実を伝え、朝を気持ちよくスタートさせていきましょう。

SECTION 3 やるべきことに黙々と取り組む子ども

　学級活動や授業の中で、常に黙々と作業に取り組む子は、無駄話をすることなく静かに行うので目立ちません。一生懸命にやっているという態度の評価が先立ち、その仕上がりや出来栄えも素晴らしいものなのになかなか気付かれません。

　それを、ぜひ、クラスの中に周知させ、一目を置かれる存在、目標となるべき存在として教師がスポットを当てていきましょう。

こんな様子が見られたら要注意！

頑張っている姿に誰も気付いていない

静かに集中して行うことが出来栄えを高めることを本人に気付かせると同時に、それをクラス全員に周知させよう！

☑ 頑張りすぎに目を配る

「黙って掃除をする」「黙って読書をする」など、子どもが黙々とやるべきことに取り組んでいれば、当然しかられることはありません。また、教師や友だちからは、しっかり者という評価が得られます。

しかし、こうした子どもの原動力には、「いい自分」であることを演出しようと必要以上の頑張りや努力があるため、教師は無理をさせないように目を配らなければいけません。

☑ コツを尋ねて目立たせる

黙々と取り組んでいる子どもは、基本的に目立ちません。そこで、教師は、「どうしたらそんなにできるの？」と尋ねましょう。そして、聞いたコツを復唱し、「なるほど、そうやるといいのか！」と関心を示します。

目立たない子どもが教師に教えるという状況は、いつもは教師と話をすることがないだけに、友だちの熱い視線を一挙に集めることになります。

☑ 教師がわざと間違えてスポットライトを当てる

子どもにコツを教えてもらったら、教師はすかさず真似をして行ってみましょう。そして、この時、わざと間違えるようにするのです。すると、子どもは、「先生、違うよ」と再び正しいやり方を教えてくれます。

この様子をクラス全員が見ています。「先生よりも上手なんだ！」と一目を置かれ、目指すべき存在となります。さらに頑張れば教師より上手になると、子ども一人ひとりに上昇志向が芽生えていきます。

低学年には「口を閉じて取り組めているね」と評価を添え、高学年には「あなたには注意をすることがないね」と感心していることを伝えて、クラスの注目を集めていきます。

CHAPTER.3　ここがポイント！　気にならない子を「見落とさない方法」

SECTION 4 優しく促したり注意できる子ども

「優」は、人偏に憂と書きます。憂いのそばに寄り添える人を「優しい」と言うのです。優しく促せる子、注意してあげられる子は、相手の気持ちを優先しています。自分の気持ちは二の次です。

その子の優しさに感謝し、他人を幸せな気分にさせてくれることを教師が伝えていきます。

こんな様子が見られたら要注意！

自分の気持ちを言わない

消しゴムを拾ってくれた子に「ありがとう」とお礼を言おう。授業終了後にも、改めて感謝の気持ちを伝えよう！

☑ 心の底の我慢をすくい上げる

　優しい行動が自発的にできる子は、「自分さえよければいい」「他人なんかどうでもいい」などとは決して考えません。むしろ、感情的になることや自分の言いたいことを我慢します。またそれは、「自分は優しい人だと思われている」という意識が心理的背景にあるからです。

　教師は、こうした子どもの中にある意識を見逃すことなく、代わりに我慢したことをつぶやいてあげるようにしましょう。すると、「先生もそう思うんだ……」と子どもの心が軽くなります。

☑ 相手を優先するので疲れる

　優しく言うためには、相手がそれをどう受け止めるのかを気にかけ、気持ちを忖度する必要があります。同時に、自分よりも相手を尊重するため、心は疲れます。

　教師は、そうした状況を目にしたら、見落とすことなく、「それでいいの？」と質問しましょう。自分の気持ちを我慢して無理をしたことにちゃんと気付いているよというメッセージを送ります。

☑ 相手が満足することを望む

　どうして優しくすることができるのかというと、その子自身が、相手が満足し、喜んでくれることを望んでいるからです。つまり、相手の幸せを優先するからです。教師は、そうした思いをくみ取って、「○○さん（くん）、とっても安心したみたいだね」と相手の子どもの心情や様子を伝え、満足していることをより深く実感させてあげることが大切です。

優しい行動を起こしても成果が出ないこともあります。そんな時、低学年には、「仕方がないね」、高学年には、「解決しようとしなくてもいいんだよ」と安心させます。

SECTION 5 友だちのアドバイスを善意に解釈できる子ども

　困っている時や上手くいかない時、「なんでできないの？」と否定的な言葉や非難を含んだアドバイスを受けることがあります。そんなアドバイスを善意に解釈することで良好な人間関係は築かれていくものですが、まだまだ小学生の子どもです。一見、明るく受け止めていても、その気持ちの背後には我慢があるかもしれません。

こんな様子が見られたら要注意！

「そうだね！」と笑顔で受け入れながらも、目が笑っていない

「体育が楽しみだったんだよね！」と子どもの気持ちを理解しながら、本心を引き出してあげよう！

☑「大人だね」と感心する

アドバイスは改善を意図したものもありますが、「だからダメなんだよ」という否定的な意を含むものもあります。こうした否定的な言葉に対して、せっかく「ありがとう」と善意に受け取ることができたのですから、教師はそれを全面的に肯定し、賞賛することで、その子の対応が正しく、非常に素晴らしいことを伝えましょう。

そして、「大人だね」という一言も添えるようにします。認められたという安心感と同時に、心の成長を実感させることができます。

☑ 物事の見方を変える

給食の時間、牛乳瓶を倒して机や床に牛乳をこぼしてしまった場面。友だちから「手前に置くからだよ！」と厳しく注意されたのですが、「そうだね。奥に置けばよかったね」と素直に解釈しただけではなく、すかさず奥に置けばよかったと見方を変えて言葉にできた子がいました。すると、注意をした子どももそれにつられて、「奥に置けばこぼさなかったね」と笑って返すことができました。

ただ善意に受け止めるだけではなく、物事の見方を変えた対応には、注意をした子どもにアドバイスが受け入れられたことが伝わり、満足感を与えてくれます。

☑ 善意の解釈を教師が繰り返す

さらに、教師が「そうか。奥だね。奥がよかったね。そう考えればいいのか」と繰り返すようにします。教師が復唱することで、善意の解釈に置き換えたことが周知され、クラス全員でその子のよさを共有することができます。

善意に解釈できた子への声かけとして、低学年には、単刀直入に「よいほうに考えられて偉い」とほめ、高学年には、「ちょっと目を閉じて再現してみよう」と自分の行動を振り返らせます。

SECTION 6 その場の空気を読める子ども

「空気が読める」とは、絶妙なタイミングで相手の考えに共感できるということです。瞬時に相手が望んでいることを把握し、それに沿った言動を選択することができます。

そうした人に対して、相手は一緒にいることが負担にならず、違和感を感じないため、一見、人間関係は良好に見えますが、空気が読める子の心情を推し量ることは欠かせません。

こんな様子が見られたら要注意！

同意を求められると、即答しようとする

うちの班って、～～なところがイヤだよね。そうでしょう！

そうなんだ

話しかけられて、たいへんだね！

「すぐに答えないで、『ふうん』と大きく頷くだけにしてごらん」などとアドバイスしよう！

☑ 会話は遠巻きから中心へといざなう

　その場の空気が読める子の特徴の一つとして、複数の仲間との会話では中心にいないことが挙げられます。誰がどんな話をするのかを見極めるために少し離れた場所にいたり、時にはその場にふさわしい話題を振ったりすることもできます。これはあくまでも、友だちを思いやり、相手の望んでいる言動をするためです。そんな場面を見かけたら、見過ごすことなく、「あなたはどう思う？」「あなたならどうする？」とその子自身を主語にして、教師のほうから話をふってあげましょう。

☑ 相手の本音を引き出せる

　空気を読める子は、相手の話に口をはさまずにじっくりと耳を傾け、自分が言いたいことを後回しにすることができます。つまり、聞くことが苦にならないタイプです。また、相手の言いたいことを予想できるので、本音を上手に引き出すこともできます。

　その結果、相手は話をしていると幸せな気分になれるので、一緒にいる時を楽しく過ごせる存在となります。

☑ 縁の下の力持ち

　空気が読めるとは、相手の行動が先読みできるということです。また、相手の不十分さを指摘することなく、気付かないことをさりげなくアドバイスする力ももっていることが少なくありません。そうしたアドバイスにより、相手はこれまで以上に秀逸な考えが引き出されます。特に話し合い活動などでは、縁の下の力持ちとなる非常に貴重な存在です。十分な力が発揮できるよう、教師は声かけやサポートを積極的に行っていきましょう。

声かけのポイントとして、低学年には、「仲よくできたね」と関係性を、高学年には、「上手くいったね」と成果を評価する言葉を加えます。

CHAPTER.3　ここがポイント！　気にならない子を「見落とさない方法」

丁寧かつ速やかに行動できる子ども

　丁寧な上にさらに素早く行動できれば、申し分のない優等生です。しかし、こうした子は友だちからも同様に思われているため、常に期待を裏切るわけにはいかないというプレッシャーを感じながら頑張り続けています。そして、それは自分のためにというよりも、他人からのイメージを保つためにです。

　教師は、過大な期待をせず、無理をさせずに、自然体で丁寧さと速やかさを発揮できるようにサポートしてあげましょう。

こんな様子が見られたら要注意！

「はやくしてほしい」という雰囲気を出している

丁寧、はやいという抽象的な感想ではなく、「習字の時間の始めよりも机がきれいになったね」などと具体的な評価をさりげなく伝えよう！

☑ 終えることで安心できる

丁寧で速やかに行動できる子は、予定時間よりもはやくやり終えます。はやく終えたことに安堵し、気持ちに余裕があるため、ぜひ、滞っている友だちの手伝いを頼むようにしましょう。そうすることで、友だちからも感謝されるようになります。

☑ 具体的に伝えると再現性がある

本人はどうしてそうできるのか、意外にもまったく意識がありません。「もう一度やってみて」「どうしたらそうできるの？　教えて」と言ったところで、首をひねることでしょう。習慣となって身についてしまい、勝手に動いているのです。

こうした子には、「丁寧」「はやい」は抽象的な表現です。「はみ出していないね」「30秒でできちゃったね」などと具体的にほめることで、再現性が増します。

☑ 負担にならないほめ方

丁寧ではやいとなれば、つい教師もクラスのよい手本にしようと大々的にほめてしまいがちですが、じつはこれが、その子にとって大きなプレッシャーとなります。教師や友だちから常にそう思われなければと、必要以上に自分を律してしまうでしょう。しかし、それでは疲れてしまいます。

そっとさりげなくほめることで、自分のよさを実感させることは十分にできます。友だちに気付かれないため、他人の目を気にしなくてもすみます。

低学年には、「時間までゆっくりやっていいんだよ」とじっくり取り組むように促し、高学年には、「ちょっと見直してみようか」と自分の行動を客観視させます。

CHAPTER.3　ここがポイント！　気にならない子を「見落とさない方法」　75

SECTION 8　見逃しがちなことを気にかけられる子ども

　いつもドアを開けっぱなしにする子がいました。閉めても後ろ手で行うので、後から入ってくる友だちが驚き、「危ない」と足が止まります。子どもだから仕方がないとも言えます。

　それに対して、ドアを開け、後ろを振り返り、「開けておくね」と目で合図をする子どもがいます。こうした行いは、さりげなく、また、大人にとっては当然な行為であるため、時として、その素晴らしさに気付かず、見落としてしまいがちです。だからこそ、教師は意識して目を配り、さりげない所作を称えていくようにしなければなりません。

こんな様子が見られたら要注意！

ほめられると、戸惑ったような反応を示す

Aさん、画鋲を留め直してくれて、ありがとう！素晴らしい行動ですね

クラス全員の前ではなく、「いつも気にしてくれているんだね」などとさりげなく声をかけて感謝の気持ちを伝えよう！

☑「正しい」状態を知っている

　人が見逃しがちなことを気にかけられるのは、普段から「正しい状態」を把握できているからです。例えば、掲示物の画鋲がはずれていたり、破れて音を立てたりなど、いつもと異なる光景を目の当たりにすれば、いつもの正しい状態に戻るまで気にかけ、また、実際に自ら行動を起こして修正していきます。

☑全体の前でほめてほしくない

　こうした子どもは、ほめられたくて行動しているわけではありません。できれば知られたくない、目立ちたくないという謙虚な気持ちでいることがほとんどです。まさに謙譲の美徳です。
　もちろん、ほめることも感謝の気持ちを伝えることも大切ですが、くれぐれもクラス全員の前ではなく、人気のない場所を選ぶようにしなくてはなりません。

☑声かけで周りの子どもを啓発する

　前述のように、教師が感心する一方で、本人は自分がほめられることをしているなどとは思っていません。むしろ、ほめられると戸惑い、かえって友だちの気持ちを気にしてしまいます。
　教師は、そのさりげない行動に「いつもみんなのことを気にしているんだね」という声かけで評価を伝えるようにしましょう。すると、周りの子どもへもさりげなく伝わっていきます。

低学年には、少し大げさに「よく気付いたね」と伝え、高学年には「ありがとう！　とても助かるよ」と感謝と貢献していることを伝えます。

CHAPTER.3　ここがポイント！　気にならない子を「見落とさない方法」

一人でも行動できる子ども

　一人で行動できるということは、誰の意思にも左右されない強さがあるということです。それは自分に自信があり、それ相応の能力があることの表れです。

　しかし一方で、こうした子は友だちの目を気にしすぎるところもあります。教師は、そんな心配をしなくてすむ環境をととのえてあげましょう。

こんな様子が見られたら要注意！

友だちの存在を気にしすぎる

友だちの様子を気にしすぎるそぶりが見られたら、一人で行動できていることをしっかりほめてあげよう！

☑ 一人の時間に心が安らぐ

　一人でも行動できる子には、時に「一人だとゆっくりできるね」と声をかけながら、現実から切り離してゆったりさせてあげましょう。じつは、自分のことよりも友だちのことを優先してしまうような真面目なタイプなので、人一倍気をつかい、内心は気疲れしていることもあります。

　大人でも、いつも気を張っていては疲れます。一休みすることが大事です。一人で行動している時は、一人の時間を味わっているのだとあたたかく見守ってあげることが大切です。

☑ 自分のやりたいことができる

　ほどよい距離感を保ちながら友だちと付き合えるので、自分の意見は控えめです。また一方で、相手の意見を尊重するため、友だちは満足しますが、本人はストレスをためてしまうこともあります。

　しかし、一人で行動すればストレスはたまりません。自分の意思を尊重することができます。教師から「好きなようにやってごらん」と背中を押してあげます。

☑ 自分に集中できる

　ほめる時は、一人で行動できていることの素晴らしさだけではなく、それによる効果も認識させるようにします。

　友だちと行動すると無駄な会話が増えたり、相手に合わせたりするため注意力が散漫になりがちですが、一人で行動すると注意力をそぐものがないので、自分がやるべきことに集中できます。

低学年は、「一人でできるんだ」と周りに承認させるようにほめ、高学年は、グッドサインを出しながら本人にだけわかるようにほめます。

CHAPTER.3　ここがポイント！　気にならない子を「見落とさない方法」

SECTION 10 不満を口にしない子ども

　不満は文句です。それを聞けば、誰でも耳をふさぎたくなり、気がめいります。できれば不満を言う人とは行動を共にしたくはありません。

　しかし、子どもであれば不満や文句はつきものです。むしろ言うのが当たり前だといっても過言ではありません。不快な思いを周りの人にさせないようにと不満があっても口にしない子は、気づかいができる「いい子」といえますが、ストレスをたくさん抱えていることを見落としてはいけません。

こんな様子が見られたら要注意！

相手の理不尽な行為を黙って認めている

ジャンケンのやり直しに文句を言わなかったことを評価して、ご褒美として、もう一度ジャンケンのチャンスを与えよう！

☑ 不満をお願いに変える

　不満を口にしないことは、賢明な判断であっても、どこかでストレスはたまっていくものです。不満を口にしない子には、言いたいことを我慢しないようにさせなければなりません。その際、お願いというかたちに変えて伝えると気まずい思いをしなくてすむことをアドバイスします。

☑「先生には話してもいいよ」

　不満を言わないからといって、安心してはいけません。心の奥にしまわれたものを見落としてはいけません。そのためにも、日頃の会話を心がけて行うようにします。
　また、我慢しているような時は、「○○って言わなかったね」とさりげなく不満を引き出していくように声をかけましょう。教師が、子どもの不満や我慢のはけ口になるようにします。

☑ 教師が不満を代弁する

　自分が思っていることを口にしなくても、他の人が代わりに言ってくれると、スルッと胸のつかえが取れていくものです。
　子どもの不平・不満を予想して、教師の意見として口にしてみてください。その時、子どもがちらっと教師を見たら、それは「そうなんです」と同意していることの表れで、気持ちもスッキリしていることでしょう。

不満の引き出し方として、低学年には、その時に「何か言うことはない？」と質問し、高学年には、事後に「どう思っていたの？」と気にかけていることを伝えます。

机間指導は気にとめる子どもを見つけるチャンス

　道徳の単元に、「なかよしだから」があります。主人公の僕は、実君に野球のカーブの投げ方を教えました。翌朝、宿題を忘れたので、実君に「教えてよ」と頼むのですが、実君は「なかよしだから、なお教えられないよ」と断ります。僕はそんな実君に友だち甲斐がないと憤慨してしまう、というあらすじです。

　授業の終わりに、「本当の友だちとは？」と問い、「○○な友だち」に当てはまる言葉を考えさせました。「応援してくれる友だち」「助けてくれる友だち」「自分のことだけではなく相手のことを思いやれる友だち」「遊んでくれる友だち」「親切にしてくれる友だち」などとさまざまな意見が出ました。いずれも、納得できる「友だち」です。

　そんな中で、「ちゃんと注意してくれる友だち」「教えない友だち」とノートに書いた子どもがいました。机間指導の間に、そのことに気付きました。発表の時間ですが、彼らは挙手しません。そこで、教師が指名し、その理由を含めて発言させました。それを聞いた子どもたちは、「なるほど。そういう友だちもあるね」と新しい見方を知ることになりました。

　挙手しない子は、見落としがちになります。そうならないためにも、机間指導をこまめに行い、授業のねらいに沿った意見をもっている子は誰なのかを気にとめることが大切です。

CHAPTER 4

学校生活での
「気にならない子」を気にとめる、見落とさない！

気にならない子は教師のそばにいません。近くに来ません。
だからこそ、教師のほうから歩み寄り、距離を縮めましょう。
そうすれば、心の距離も自ずと近づき、理解できるようになります。

SECTION 1 いつも身だしなみがととのっている子ども

　身だしなみをととのえるのは、もちろん自分自身を心地よくすることもありますが、他人に不快感を与えないためでもあります。髪の毛がボサボサになっていると、周りの人を不快にし、だらしないと評価されてしまいます。身だしなみは、他者評価です。

　自分で自分を客観的に見ることができるということは、気配りができる証拠です。

こんな様子が見られたら要注意！

目立たないようにしている

「今日もちゃんとしているね。卒業式にふさわしい身だしなみだよ」

「あっ、はい……」

例えば、足元を指差し、「上履きも正装しているね」などと靴を洗ったことを見逃さずに具体的にほめよう！

☑ 目立たないことをほめる

　身だしなみがいつもきちんとしている子は、じつは人から「格好つけて、おしゃれをしている」などと間違っても声をかけられるようなことがないようにと思っています。つまり、目立ちたくないのです。
　だからこそ、教師は、クラス全員の前で過剰にほめたりしてはいけません。例えば、TPOに応じた身だしなみができていることなど、その子の配慮についてさりげなくほめるようにしましょう。

☑「新品みたい」

　ほめ方のフレーズとしておすすめの一つが、「新品みたい」です。これは真新しいという意味ではなく、「きれい」「丁寧」「ちゃんとしている」という意味です。その素晴らしさが「新品のように」という意味です。
　例えば、しっかりと洗った上履きを履いている子どもがいます。「まるで新品みたいだね」と洗い方をほめ、「見ていて気持ちがよくなるよ」と他人に心地よさを与えていることを伝えます。

☑ 身だしなみは信頼感につながる

　身だしなみがきちんとしているということは、細かいことに気付くということの表れです。相手に対して気づかいができる子どもであり、何か事に当たる際にもゴールのイメージがしっかりもてる子どもです。
　そういう子どもには、自ずと仕事を安心して任せられます。つまり身だしなみは信頼感に直結しているのです。

ほめる際、低学年には、「今日は」と今をほめると「明日も」につながります。高学年には、「今日も」と「いつも」に注目すると向上心をくすぐります。

SECTION 2 いつも楽しそうに過ごしている子ども

　みんなが楽しめる話題は、聞いている人を居心地よくします。また、相槌をうったり、質問を上手にしながら楽しそうに話を聞く態度は、話し手に安心感を与え、会話もなめらかに弾んでいきます。
　楽しそうに過ごしている人は、じつは、いつもそうした努力を重ねているのです。

こんな様子が見られたら要注意！

真顔になっている

「あなたも素敵な連休だったでしょう。今度はあなたのことをみんなに聞いてもらうといいよ！」と話題を振ってあげよう！

☑ 友だちが集まる

　いつも笑顔で楽しそうだと、周りは癒され、よい影響を受けて、気分が高揚するものです。そして、自然に友だちが集まってきます。そうした子であれば、たとえ失敗しても落ち込まず、笑いに変えてしまうことも度々です。そのため、遠足のグループやバスの座席など楽しいイベントの時には、友だちは同じグループになりたがります。

☑ 初対面でも声をかけられ、すぐに打ち解ける

　新しい環境では知り合いがいなくて心細く、緊張します。また、誰に話しかけていいのかもわかりません。そんな時、楽しそうにしている人を見ると、「この人なら相手をしてくれるかも」と期待してしまいます。初対面の人から話しかけられても、すぐに打ち解けられますが、そうした行動の背景にはその子なりの気づかいがあります。

☑ 真顔を察知して無理をさせない

　いつもニコニコと楽しそうにしている子が少しでも真顔になると、急に周囲は心配します。そして、一度そうした反応を受けると、人一倍友だちに心配をかけたくないので、無理をして楽しそうにふるまってしまいます。

　そんな時、教師はすかさず「ここは真顔でいる場面だよね。○○さん（くん）」と同意を求めるようなかたちで声をかけてあげましょう。無理に笑顔をつくらせたり、友だちを気づかうばかりにならないよう、肩の荷を下ろさせてあげるようにします。

低学年には、「友だちと一緒にいるのが好きなんだよね」と本人に、高学年には、「友だちが喜んでいるよ」と声をかけて他人に目を向けさせるように働きかけます。

CHAPTER.4　学校生活での「気にならない子」を気にとめる、見落とさない！

SECTION 3 教師にベタベタしたりまとわりつかない子ども

　人は不安や悩みがあると、誰かを頼りたくなったり、急に距離を縮めて依存するようにつきまとってしまうことがあります。子どもであれば尚更で、大人である教師に必要以上に甘えてしまうこともあるでしょう。

　一方、教師にまとわりつかない子どもは、先生が嫌いなのではありません。まとわりつく友だちに遠慮したり、忙しそうにしている教師を気づかったりしているのです。

こんな様子が見られたら要注意！

目が合うと歩みがとまり、何か躊躇している

「Aさん！」と呼びとめて教師のほうから積極的に歩み寄り、遠慮しなくてもいいことが伝わるように明るく声をかけよう！

☑ 教師の状況に合わせる

　新しいクラスがスタートした4月、子どもは教師との距離をはかりながら、教師の特性、自分との相性などを感じ取っています。どの子も、教師の様子をじっと見ていますが、教師にまとわりつかないタイプの子は、教師が忙しそうなら努めて話しかけてきません。時間がありそうな時を見計らって、友だちが教師を囲んでいない時を選んで話しかけてきます。

☑ 頼られる嬉しさを伝える

　こうした子は、他人に迷惑をかけてはいけないと思い、常に自分のことは自分で解決しようとする傾向が強いです。人に頼ることを善しとしません。

　しかし、だからこそ、もしもそんな子どもが一人で教師のところに来たならば、本人にとって重大な出来事があったと認識しましょう。そして、話を聞き終わったら、「先生に話してくれてありがとう」と、人に頼られる嬉しさをしっかりと伝えます。

☑「いつも見ているからね！」というメッセージを送る

　もちろん教師のことが嫌いだからそばに寄らないのではありません。教師を必要としないくらいしっかりしているのです。そのため、教師は安心してしまい、自然と声をかける回数も減ってしまいがちです。しかし、それではいつまでも人を頼れない子のままです。

　教室で声をかけると友だちの目を気にするので、それ以外の場所で見かけたら用事がなくても名前を呼び、「いつも見ているからね！」というメッセージを送るように心がけましょう。

親近感をもたせるためには、低学年には、「隣でお話をしたいなあ」と距離を伝え、高学年には「話す機会が多くなったね」と回数を伝えるようにします。

CHAPTER.4　学校生活での「気にならない子」を気にとめる、見落とさない！　89

SECTION 4 指示をすぐに受け入れる子ども

　教師の期待に応えようと思うからこそ、子どもは指示を受け入れるのです。それは「いい子」であらねばならないという使命感からでもあり、常に緊張感を持続している状況にあるともいえます。

　指示を受け入れてくれるのは教師にとっては非常にありがたいことですが、子どもにとっては常に「いい子」を求められ、無理をしている状態であることを忘れてはなりません。

こんな様子が見られたら要注意！

視線が合わない

ねぇ、今、先生はなんて言った？

Bくんに教えてもらってね！

「念のためにもう一度言いますよ」と指示を繰り返そう！　こうすると、Bくんも無理なく自分のことに集中できる

☑ 話の軽重をつけることで聞き方の選択肢をつくる

　教師の指示をすぐに受け入れられるのは、常に教師の話に集中しているからです。一言も聞き逃さないようにと気を張っています。そして、本人はそれが普通のことだと思っています。

　しかし、いつも気を張っていては疲弊してしまいます。指示に工夫をして、大事な話とそうでない話のメリハリをつけるようにしてあげましょう。集中をゆるめて、リラックスできるタイミングが得られます。

☑ しからずに教師の指示をクラスに浸透させる

　指示を聞き漏らす子どもがいますが、そこでしかってはいけません。それは、指示をすぐに受け入れた子どもの行動が、聞き漏らした子どもたちに何をすべきなのか教えてくれるからです。

　困った時はその子の行動が指針となり、クラスの信頼が集まるまたとないチャンスになります。

☑ 指示を再確認する

　一度指示を出したら、その後、どんな指示を出したのかを質問してみましょう。指示を出した時点では「伝えた」ですが、質問することで「伝わった」かどうかをクラス全体に対して再確認することができます。

指示は、低学年へは一つに限定し、高学年へは平易な言葉に言い換えて多様な解釈とならないよう、注意して出すようにしましょう。

SECTION 5 パッと素早く整列する子ども

　すぐに整列できる子どもを、教師は好みます。そして、それをほめ、クラス全体に真似をするようにと期待します。

　しかし、こうした子どもは、得てして友だちの反感を買います。遅く整列して教師からしかられたくはなくても、友だちから「いい子ぶっている」という妬みはかいたくないというジレンマが常にあるのです。

こんな様子が見られたら要注意！

あえて1番を避けている

「1番を譲ったんだね」と声をかけて、目立ちたくない心境を察してあげよう！

☑ 一人で行動できる

　一人で行動すれば、無駄話はしません。また、一人で行動すると、相手に合わせる必要がないので、自分のペースで行動することができます。さらに、無駄な行動がなくなるので、行動が速やかになります。整列であれば、いつも1番です。

　ただし、普段からそうした姿ばかりを見せていたのでは、友だちは話しかけようとはしないでしょう。話しかけにくい雰囲気が滲み出てしまっているからです。

☑ しかられる要素を排除する

　速やかに整列するということは、「待つ」ということでもあります。つまり、整列が遅ければ待たせることになるので、担任や友だちから小言を言われることもあるでしょう。はやく並べば、そんなことを言われずにすみます。

　しかられたくないという気持ちが、「パッと素早く」「すぐに」につながっています。しかられる要素を排除しようという前向きさでもあります。

☑ 一人だけをほめない

　すぐに整列した子どもをほめると、賞賛よりも嫉妬を生むことになります。「いい子ぶって」と疎まれ、子どもの人間関係に齟齬をきたす原因を教師自らがつくってしまうことになります。

　ほめる時は、その他大勢の中の一人として声をかけるようにすると、ひがみや妬みを抱かれずにすみます。いい子が無理なくいい子でいられる配慮が教師には求められます。

低学年は、「1番Aくん、2番Bくん、……」とゲーム感覚でほめるようにし、高学年は、耳元で「いつもはやくて素晴らしいね！」と個別にほめるようにします。

SECTION 6 注意されたことを気持ちよく受け入れる子ども

　注意を気持ちよく受け入れられるということは、肯定的に受け止めることができているということです。それは他人を信頼していることであり、周囲に心を開いている状態でもあります。また、一見ソフトな感じですが、じつは心が強い子であるともいえます。

　こうした存在に上手にスポットを当てていくと、クラス全員によい影響が及ぼされ、どの子も素直に注意に耳をかたむけるようになります。

こんな様子が見られたら要注意！

目を伏せたり、視線をそらせたりする

あれっ、定規を使っていないね

ルールを守らなければダメだよ！

あっ、すみません！すぐにやり直します

「注意を受け入れてくれてありがとう！」と感謝の気持ちを伝えながら、定規を使わなかった理由を聞いてみよう！

☑ 気づかいに感謝する

気持ちよく注意を受け入れていると思っているのは、もちろん本人ではありません。教師や周りの子どもの評価です。注意を素直に受け入れることで、相手との関係や信頼感が保てることを理解しているのです。つまり、気づかいがちゃんとできる子なのです。

そうした健気な配慮を、教師として嬉しく思っていることをぜひ伝えていきましょう。「注意を受け入れてくれてありがとう」と優しく言葉をかけてあげてください。

☑ 受け入れた後もしっかり見守る

注意したことを素直に受け入れても、その後、必ず修正されているとは限りません。失敗していたり、困った状態になっていないかを見守りながら、必要に応じてサポートしていきましょう。

上手くいっていないということは、教師の注意の仕方、アドバイスが適切でなかった場合もあるため、具体的な質問をしながらの状況確認が必須です。

☑ 友だちからの評価が上がる

注意されるということは、自分を否定されるということです。時には、言い訳をしたり、不満気な顔をしてしまうこともあるでしょう。

しかし、注意を気持ちよく受け入れる姿は、見た人を「素直だなあ」と感心させます。自分の非を認める謙虚な姿勢を教師が賞賛することによって、クラス内における子どもの評価は高まり、同時に、見習いたいというよい影響を及ぼしていきます。

注意した後すぐに、低学年には、「あなたの『はい！』が好き」と教師の気持ちを伝え、高学年には、「何か聞きたいことがあるでしょう」と意見する場を保障します。

SECTION 7 友だちの代わりをする子ども

　本当はやることがあっても、自分のことは後回しにして友だちのことを優先してくれる子どもがいます。友だちの代わりをしても支障がないのか確認しても、「大丈夫です！」と元気に返事を返してきます。
　本人は無意識でしょうが、それには多少の我慢が生じています。ストレスを蓄積させないよう、教師のケアは欠かせません。

こんな様子が見られたら要注意！

行動に違和感や躊躇がある

「いいんだよ。あとは先生がやるから、校庭で待っている友だちのところへはやく行きなさい」と伝えて、遊びを優先させるように促そう！

☑ 教師や友だちが期待してしまう

　自分のことを後回しにして友だちの代わりができる子は、教師が「誰か代わりにやってくれないかな〜」などと思っていると、以心伝心でさっと手を貸してくれるほどのフットワークのよさがあります。じつは、「誰か……」と思った瞬間に、教師の頭の中にはその子どもの顔が浮かんでいます。それは友だちも同じです。

　思わず、その子を目で探しているようなことはないでしょうか。

☑ 教師が代わる

　子どもの動きや表情に少しでも違和感が見られたら、「無理をしているのでは？」と気にかけ、「いいんだよ。あとは先生がやるから。大丈夫だよ。ここからは先生の仕事だから」と安心させます。その言葉で、本人は自分が無理をしていることに気付くことができ、自分がやりたいことを遠慮なく優先する気持ちの後押しをしてもらえるのです。

☑ つぶやくようにほめる

　ほめ方を間違えてしまうと、本人の大きな負担になってしまうことを忘れてはいけません。それは期待されていることを自覚しているからです。また、友だちがいる場やクラス全体の前でほめるのも要注意です。その子の立場が悪くなります。

　「助かったなあ」と教師が感謝の気持ちをつぶやくように伝えることで、人の役に立てたことを実感させ、自己尊重感を高めます。

低学年には、「もう大丈夫だよ」という声かけで、高学年には、「自分の都合を優先していいよ」という声かけで、いつでもやめていいことを伝えましょう。

SECTION 8 帰りの会が終わるとすぐに下校する子ども

　すぐに帰宅する子どもは、おとなしくて目立たない子がほとんどです。こうした子は、友だちとのトラブルも皆無といっても過言ではありません。

　だからこそ、小まめに声をかけて、「先生は見ているよ」というメッセージを伝え、クラスでの存在感を高めるようにしましょう。

こんな様子が見られたら要注意！

なかなか下校しようとしない

下校する子どもに、「今日のよかったことは？」「明日の楽しみは？」などと声をかけ、その返事を友だちに聞こえるようにして存在を周知させよう！

☑ 満足できたから心残りがない

　すぐに下校するのは、学校が嫌いだからではありません。嫌いどころか、やり残したことがないくらいその日の学校生活に満足しているので、どの子よりもはやく下校できるのです。また、帰宅後にも楽しみがあるはずです。はやくそれをやりたいがために、いつまでも教室にはいないのです。

☑ はやく帰る子どもを振り向かせる

　教師が率先して、すぐに帰る子の名前を呼び、「さようなら」と元気な声で挨拶をします。すると、残っている子どもたちも顔を向けて、「さようなら」と声をかけることでしょう。はやく帰る子も教室を振り返り、挨拶をして下校します。

　その子はすでに教室にはいませんが、笑顔は友だちの心に残ります。

☑ 子どものことは子どもが教えてくれる

　「さようなら」と元気よく教室を後にした子の後ろ姿を目で追いながら、友だちの一人が、「いつもはやいよね。用事があるのかな?」と何気なくつぶやきました。すると、他の子どもが、「知っているよ!」と話してくれるのです。

　教師自身も、はやく帰る子どものことは見逃しがちです。子どものことは子どもが教えてくれます。

下校時の声かけに、低学年には、「○○さん(くん)は、(下校が)はやいね」と行動の素早さに対する感心を、高学年には、「明日も待っているよ」と期待を添えます。

CHAPTER.4　学校生活での「気にならない子」を気にとめる、見落とさない!

SECTION 9 言い訳をしない子ども

　言い訳は、言った人の評価を下げ、相手を不愉快にさせ、関係を損ねてしまうものです。小学生の子どもであっても、そのことをしっかり理解している子もいて、そうした子は無用な言い訳はしません。また、言い訳をしないことで、その場が上手く収まるということも知っています。

　だからといって、言いたいことを我慢させてはいけません。言うべき時には、しっかりと主張させましょう。

こんな様子が見られたら要注意！

押し黙っている

「どうしようと思ったの？」と聞いてみよう！　当事者なら理由を説明できても、無関係なら説明できないので、こぼしたのは別の子だとわかります。

☑ 言い訳が許される環境を教師がつくる

　班活動で待たされた友だちが、「遅い」と文句を言います。言われた子は、言い訳をせずに、「ごめん」と謝りました。じつは、ケガをした低学年の子どもを保健室に連れて行ったのです。すかさず教師は、「ケガをした子は、大丈夫だった？」と正当な理由を説明できる機会を保障してあげるようにサポートします。

☑ 言い訳をしないことで自分の価値が高まる

　前述の遅れた理由を知った友だちは、「理由も聞かずに文句を言ってごめんね」と謝ります。自分の軽率な判断を恥ずかしく思う度合いが高いほど、他者理解は深まります。さらにここで、「遅れたのは事実だから」という自分の非を認める潔さが発揮されると、ますます一目を置かれることになります。

☑ 相手を信頼しているから言い訳をする必要がない

　言い訳をしないのは、相手を信頼していることの表れです。言い訳は自己防衛であり、正当性の主張ですが、そうしないのは相手が自分の言い分に耳を貸してくれると確信できているからです。その結果、相手の信頼は一層増していきます。

　例えば、教師が、「遅れた理由をみんなが知っても、文句は言わなかったと思うよ」などと真意を引き出すようにして、子どもが、「みんなはわかってくれると思ったから」と答えれば、班の友だちは自分たちが信頼されているとよい気持ちになり、言い訳をしなかった子をさらに受け入れるでしょう。

ほめる際、低学年には、「『だって』って言わないから偉い」と適切な言葉づかいを、高学年には、「言い訳はい（良）い訳ではない」とシャレで真意を伝えます。

SECTION 10 トラブルをあおらない子ども

　トラブルをあおらない子どもは、おとなしいタイプが多いです。はやく解決されることを願っていますが、それを口にすることはありません。ましてや、トラブルの解決策を提案することもありません。一方に加担することなどもありません。気まずい関係になることを知っているので、あおることはしないのです。

こんな様子が見られたら要注意！

見て見ぬふりをする

「教えてくれてありがとう」とトラブルを報告してくれた感謝を伝え、原因をわかっていながら、それを口にしないであおらなかった冷静さをほめよう！

☑「大丈夫?」よりも「大丈夫!」

　子ども同士のトラブルの際、当事者にかける言葉として、「大丈夫?」ではその場の心配が大きくなってしまうことがあります。場合によっては、トラブルが収束しない暗示になってしまうかもしれません。

　一方、「大丈夫!」なら、今後の励ましになり、「相談にのるよ」というポジティブな気運も高まっていきます。

☑ 心配しているからこそあおらない

　トラブルが発生した途端、その場からサッと離れてしまえば、もちろん火の粉はふりかかってきません。しかし、それでは友だち甲斐がないと思われてしまいます。トラブルの成り行きを見守ることで、心配していることを間接的に伝えられると、子どもたちに気付かせていくようにしましょう。

☑「先生を頼りなさい!」

　もしも、トラブルをあおっている人から、「君もそう思うだろう」などと同意を求められたとしたら、「先生なら何て言うかな?」と視点を変えた言葉を伝えるようにさせます。このフレーズであれば、自分の意見を述べたことで気まずい思いをしなくてもすみます。

　また、日頃から、「困った時は、先生の名前を出すんだよ」「先生を頼るんだよ!」と、教師に素早く声をかけるように習慣付けていきましょう。

ケンカの対応術として、低学年には、「ケンカの応援はダメだよ!」と善悪を伝え、高学年には、「あおることが当事者同士の解決を遅らせる」ことを伝えます。

聞いている子がいるから発表できる

　授業中、「はい、はい、はい、はいっ！」と言いながら、積極的に挙手する子どもがいます。教師はどうしてもそういう子どもに目がとまり、指名をしてしまいます。その結果、発表する子どもは「意欲的な態度」という評価を得ます。

　それに対して、発表はしないけれども聞いている子どもがいます。静かにただ聞いているだけの子ども。正対して頷きながら聞いている子どもです。一般的には「発表をしない」という評価となりますが、話し手が、「聞いてもらっている」「話しやすい」と感じることができる聞き方は秀逸です。前者は話し手の視界に入らず、よい影響をなかなか与えることができませんが、後者の聞き方は話し手の心に残り、よい話を引き出します。そういう子どもを見落とさずに評価したいものです。

　そこで、話し手に「誰の聞き方が嬉しかったですか？」と聞くようにします。間違いなく、正対して頷きながら聞いていた子どもを指名することでしょう。もちろん、本人はびっくりです。自分の聞き方が「よい」とは露とも思っていないからです。ほかの子どもたちもおとなしいことは知っていますが、「聞き方がよい」という認識はもっていません。聞いてくれる人がいるから発言ができます。ちゃんと聞いている子どもを見落とさないことが、話し合いを活性化させます。

CHAPTER 5

授業での

「気にならない子」を気にとめる、見落とさない!

気にならない子は小さな反応で授業に参加しています。
しかし、例えば、ノートは丁寧で見やすくまとめてあったりと、
それぞれの学習行動に大きなインパクトがあります。

時間割順に朝の支度ができる子ども

　授業が終わったら、使った教科書やノートを一番下にしまい、次の授業の教科書やノートを一番上から出す。これなら目をつぶってでもできるでしょう。しかし、朝の支度を適当にしてしまうと、時間割順になっておらずグチャグチャで、休み時間もすべての勉強道具を机上に散乱させて探すことになってしまいます。

　いつも時間割通りに揃えられる子は、休み時間を無駄にせず楽しく過ごしていますが、まれに支度ができていない時は、ショックも大きく教師のフォローが必要となることがあります。

こんな様子が見られたら要注意！

いつもより授業の準備に手間どっている

準備ができていない様子に、「いつもと違うね」と心配していることを伝えよう！ しかられるのではなく、普段の様子を見てくれていると安心します

☑ 自宅で時間割通りに準備をすませる

前日の夜、自宅で時間割順に教科書をランドセルにしまっています。翌朝の教室では一度机上に出してから、机の中にしまいます。その間の所要時間は20秒もかかりません。自宅から準備をしていれば、朝の支度を手際よく終えられるので、その後の時間を確保でき、朝の会までの時間や休み時間を楽しく過ごせます。ぜひ、4月の学級びらきから、小まめに指導していきましょう。

☑ 速やかな行動に気付かせる声かけ

速やかに朝の支度を終えられる。速やかに次の授業の準備ができる。そうした子どもに対して、周囲の子どもたちはどうしてそんなに素早く行動できるのかと不思議がっていることでしょう。じつは、できている本人自身は特別に努力していることではないため、当たり前だと思っています。自覚させてさらにスキルを高めるためにも、また、クラスによい影響を及ぼしていくためにも、教師がその都度、「秘訣は何？」と聞いて、言葉にさせていくようにしましょう。

☑ 心配していることがわかるように聞く

いつも支度がはやい子が、珍しく授業の準備に手間どっていました。この時、「何で遅かったの？」などと教師が質問しようものなら、しかられたと受け取ってしまうでしょう。「何で……」ではなく、「何かあったの？」と心配していることが伝わるように聞かなければいけません。その後、「誰でもそんなことがあるよ。『慌てる』ということは『次はちゃんとやろう』いう意欲の表れだよ」とその子のよさに触れながら励ましていきます。

低学年には、「一人でやっているんだね」とさらなる自立を促し、高学年には、「机の中がスッキリしているね」と成果を実感させる一言を加えます。

SECTION 2 次の時間の準備をして休み時間をむかえられる子ども

　授業が終わると、次の時間に使う教科書やノートなどを机上に置くようにし、その準備が終われば起立して、準備の進捗がわかるようにさせます。休み時間はすぐに遊びたいので、それをつい怠ってしまう子がいますが、準備することを習慣化できている子はちゃんといます。

　ただ置くだけではなく、前時までの範囲がわかるように教科書やノートを開くところまで準備ができていることもあります。そんな状況を見たら、授業の始まりに、すかさず「ほとんどの人の準備はマルだけど、花マルの人もいました」と知らせましょう。

こんな様子が見られたら要注意！

なかなか起立しない

☑ 目にすると勉強モードになる

　レストランでメニューを見ると、食欲がそそられます。給食のサンプルを見た子どもたちは、「はやく食べたい！」と口にします。
　人は目にしたものに反応し、やる気や意欲を高めるものです。授業も同様です。開始前に準備をしながら算数の教科書を見れば、「算数の勉強しなければ！」という前向きな気持ちに自然となっていきます。

☑ 小さな積み重ねが習慣になる

　食事を終えたら、歯磨きをしたくなります。そして、無意識に歯ブラシを手にします。これと同じように、次の授業の準備をするという小さな行動を繰り返すことによって、教師の「はい、終わり！」という言葉を聞くと、無意識に身体が反応して、次の授業の準備を始めていくようになります。

☑ 忘れたことに気付く

　次の時間の準備ができる子どもは、しっかり者です。しかし、人はいつも完璧なわけではありません。誰でもたまには忘れ物をすることがあるのです。しかし、真面目な子どもは、忘れたことを教師に言い出せません。
　そんな様子を見かけたら、すぐに近づいていき、「先生のコンパスを貸してあげるよ。忘れてくれたおかげで話ができて嬉しいな」と次の時間の準備をしたことのよさを伝えましょう。

習慣化していく際、低学年には、準備するものを教師が口頭で伝えていきます。高学年には、起立するという行動の変化をつけることで準備の意識を高めさせます。

SECTION 3 静かに黙って挙手する子ども

　発言や発表をする時、「はい、はい、はい、はいっ！」などと「はい」を連呼して指名を催促したり、答えを先に口にしたりする子がいます。それでも黙って挙手した子どもは、文句も言わず、引き続き挙手したままです。
　こうした場面において、教師はマナー違反に目がいきがちです。しかし、黙って挙手した手、意見をもっているという子どもの思いこそ、見落としてはならないのです。

こんな様子が見られたら要注意！

挙手していた手をそっと下ろしてしまう

☑ 黙って挙手した子どもに注目させる

挙手した手を下ろすように全員に指示し、教師は沈黙します。すると、子どもたちは教師の意図を察し、静かになります。そのタイミングで、「黙って挙手していた友だちは誰ですか？『どうぞ』のポーズで教えてください」と促します。「せーの」でマナーを守っている子どもに「どうぞ」の手が集まり、注目を集めることができると同時に、守らなかった子をしからずにルールを再確認させることができます。

☑ よいレッテルをはる

黙って挙手することは、発言や発表におけるマナーです。真面目な子どもはそれをしっかりと守ります。こうした子のよさを伝えるために、「黙って挙手した◯◯さん（くん）」と枕詞をつけて指名するといいでしょう。

クラス全員に、黙って挙手したことを指名の優先順位にしたことが理解させられますし、ルールを守る子どもが大事にされることに気付かせることもできます。

☑ 黙って挙手した理由を聞く

指名され、意見を述べると、着席しようとしますが、それを制して、「どうして黙って挙手していたの？」と聞いてみるようにします。すると、「勝手にしゃべると他の人に悪いから」などと答えてくれるはずです。つまり、友だちの権利を保障するために黙って挙手したという理由が出てきます。

自分よりもみんなを優先できる大人のような判断をクラスの前で称え、マナーを守る意識をクラス全体で高めていきます。

低学年では、教師が「手を挙げる時」と言うと「口を閉じて」と唱和させ、高学年では、一呼吸間をとった挙手に対してその都度ほめるようにします。

SECTION 4 友だちの発表に頷いたり首を傾げたりする子ども

　発表者にとって、聞き手が頷いたり首を傾げたりする姿は、大きな励みになります。人は「動く」ものに目が行き、反応するため、目と心がつかまれるのです。

　頷きは同意、首を傾げたら疑問・反論と受け取ります。すると、次はどんな反応をするのだろうと気になるため、ますます話し手にも力が入っていくのです。

こんな様子が見られたら要注意！

後ろを振り返る

「何かありましたか？」と救いの言葉をかけてみよう！　それによって、後ろを向いて話しかけてきた子の相手をせずにすみ、発言者に集中できます

☑ 話し手に聞き方の評価をさせる

　ふつう聞き手は話し手を見ていますから、聞き手同士はお互いの反応を見ることができません。聞き手の聞き方の善し悪しがわかるのは話し手です。そこで、教師は、発表する前に、「頷いたり首を傾げたりしていた人は誰か、あとで教えてね」と伝えて、聞き手の反応を意識させます。

☑ 自覚させる

　発表者は自分の意見に共感や賛成をしてもらいたいものです。そういうことからも、教師は、「誰が頷いてくれたか見ているといいよ」というアドバイスも発表前にしておくといいでしょう。自ずと発表者は、首を傾げる子ではなく、頷く子を無意識のうちに注視します。すると、それに応えようと、聞き手もしっかりと聞こうとして、クラス全体がひきしまります。

☑ 無意識の仕草を教える

　人の意見は黙って聞く。話し手のほうを向く。頷いたり首を傾げたりして、聞いていることを伝え、関心をもっていることを示す。

　こうしたことは、すでにできている子であっても無意識に行っているものです。聞き方が上手だと教師に思われているとは微塵も思っていません。

　聞き手としてのスキルをより高めていくためにも、「黙って聞けているね」「話し手のほうを向けているね」などと具体的にほめながら、そのことを本人に意識化させていきましょう。

低学年には「その頷き方はいいね」と教師が大げさに真似をして、高学年には「聞いていることを体で伝えましょう」とボディーランゲージをすすめることでスキルアップをはかります。

SECTION 5 話し合いのマナーをちゃんと守る子ども

　話し合いが盛り上がると、途中で口を挟んだり、隣の人と勝手に話し出してしまう子がいます。話し合いに関する内容なので、その意欲は評価する意味で注意はしません。

　一方、挙手はしなくても、話し手の話をしっかりと聞いている子どもがいます。そうした子には、「しっかり聞いていたね」と教師から歩み寄り、質問をしていくようにします。そして、自分の考えを発表したら、「さすが！　黙って聞いているから頭の中がよく整理できているね」とほめてあげましょう。

こんな様子が見られたら要注意！

発言を遠慮してしまう

☑ 聞き上手な子どもに向けて発言する

　意見を聞く時は、話し手を向くというルールを徹底させます。おへそを発言者に向けて正対するように体の向きをととのえ、背筋を伸ばして、しっかりと話を聞いているというメッセージを送ります。

　当然、話し手は、聞いてもらっているという満足感が得られるため、聞き方の上手な安心できる子に向かって発言します。

☑ 聞き手がいるから発言できる

　話し合いというと、発言することに価値が置かれがちです。また、教師も、つい発表した子を高く評価してしまう傾向があります。

　しかし、聞いている人がいるからこそ発言はできるのです。教師は発言者に、「誰の聞き方が嬉しかったですか？」などと質問し、その質問によって、伝わる話し方であったかどうかを振り返らせるようにします。また、聞き方をほめられた子には注目が集まると同時に、静かに聞き入ったり、頷くことで、発言者に「話しやすい」と感じさせるなどのよい影響をもたらすことができるなど、聞き方のポイントが周知されていきます。

☑ 聞こえなければ聞こうと努める

　隣の席の友だちの発言の声が小さい時は、「○○と言っていました」と代わりに発言してあげる子。席が離れた友だちの発言に、耳を傾け、聞こうと努める子。こうした、声が小さいことへの気づかい、批判しない優しさなど、教師はその都度クラス全員の前で紹介し、よき見本とさせるようにしていきましょう。

聞き手のポイントとして、低学年には「黙って人の話を聞くこと」を、高学年には「相手の意見をよく考えながら聞くようにすること」をアドバイスします。

ノートのとり方が上手な子ども

　ノートのとり方が上手な子どもは、さまざまな工夫をしながら書いています。もちろん、お絵描きもありません。また、友だちと比べることもなく、自分自身が理解できるようにシンプルにまとめています。
　こうした子どもは、自分のノートのよさに気付いていないので、上手なノートを人に自慢することがありません。教師や友だちの前で、そんな素振りを微塵も見せません。

 こんな様子が見られたら要注意！

ほめられても、「そうですか〜」と淡々と答える

「誰に教わったの？」「どうやったら上手にできるの？」と質問しながらコツを引き出し、素晴らしいノートであることに気付かせよう！

☑ 新しいページから書く

　子どものノートを見ると所々に空白がありました。驚くことに、適当に開いた箇所から使っているのです。

　私のクラスでは、ノートは見開き2ページで使うというルールにしています。今日使うページはいつも真っさらです。それができている子は、ノートの前扉から順番にめくり、その日に使う箇所を開きます。

　そうした様子をいつも見逃さず、「もう一度やって」と頼んで、クラスのみんなに見本を示してもらうようにしましょう。

☑ 見本になるノートは持ち主の名前を書かない

　上手にまとめられたノートがあります。余白が見やすさを引き立てます。定規を使って線が引かれています。学習問題は青鉛筆、まとめは赤鉛筆で囲っています。

　このように手本にしたいノートを見つけたら、その子に断りを入れてから、ノートをコピーして、クラス全員に配付していくことをおすすめします。その際、ノートを書いた子の名前は書かないようにするのが鉄則です。

☑ ノート切れがない

　「あっ、ノートがなくなった！」と言うなり、ノートの裏表紙を使う子がいます。自分が予想したよりも、その日はたくさん使ったからでしょう。ふと、隣の子のノートを見ると、四隅が赤く三角形に塗られていました。残りは5ページほどあります。「赤」が見えたらノートを補充するという目印にしていたのです。ぜひともクラス中に伝えたい、素晴らしい方法です。

ノート指導では、低学年には、マスに文字を入れる丁寧さを、高学年には、自分の言葉でまとめることを意識させます。

間違ったり失敗しない子ども

　間違ったり、失敗しない子は、周りからも自分がそのように評価されていることをちゃんと知っています。そして、いつもその評価に合わせた自分であり続けようとします。

　間違わないことを重視し、正解の時は嬉しいというよりも安堵しますが、間違うと一転、周りが意外そうな反応を示すと、自分の評価を下げてしまったと非常に落ち込みます。

こんな様子が見られたら要注意！

自分の間違いに落ち込み、立ち直れないでいる

「間違ってくれてありがとう!」とお礼を言おう！　誰でも間違うことがあり、それによってみんなの理解も深まることを強調します

☑ 友だちの行動基準になる

　普段、間違わない子は、クラスの中でも常に正しいと思われています。そのため、友だちは、その子と同じ考えであれば安心できます。

　反対に、意見が異なると、「どうしてそうなるの？」という質問を受けます。そんな時でも快く回答してくれるので、「なるほど、そうなのか」という確信を友だちに与えることができます。

☑「間違ってくれてありがとう！」とお礼を言う

　いつも間違わない子であっても、当然、間違うこともあります。普段は間違わないので、その時のショックの大きさはたいへんなものです。なかなか立ち直れずにいますが、そんな状況に陥っていたら、教師が「○○さん（くん）、間違ってくれてありがとう！」と伝えましょう。

　間違ったことで、その部分がクローズアップされて、他の子どもたちの意識や理解が深まります。また、どんな人でも間違うことがあると、クラスみんなが安心して間違うことのできるポジティブな雰囲気が生まれていきます。

☑ 自分の非だとすぐに謝れる

　いつも間違わない子が間違った時、友だちが「Aさんと同じだから正解だと思ったのに～」とボヤいたことがありました。すると、「同じにするからだよ」と言い返すのではなく、「ごめんね。私のせいで」と謝っていたのです。

　その優しさに心を動かされた友だちは、自分に非があることを再認識するとともに、その子の謙虚さや優しさから学ぶことになります。

間違った子には、低学年には、教師も失敗して間違えることを伝え、高学年には、「間違いを受け入れると、気が楽になるでしょう」と気持ちをほぐしてあげます。

SECTION 8 課題を最初や最後ではなく真ん中くらいに仕上げる子ども

　算数の問題をすぐに解き終わった子どもには、「もうできたの？」と速さを称えます。反対に、鉛筆が動かず、難儀している子どもには、「わからないのかな？」と目が止まります。いずれにしても、できる子どもと気になる子どもには、教師の関心が行きますが、その分、「真ん中」の子どもの存在を忘れがちになります。

こんな様子が見られたら要注意！

周りの歓声を気にしている

周りの子どもが過剰に反応しないように、丸をつけた後、笑顔で親指を立てて、「グッド！」のサインを送ろう！

☑ 晴れがましさを与える

先に課題が仕上げられた子どもには、「ミニ先生」として、「真ん中」の子どもを教えるように頼みます。「真ん中」の子どもたちは大方理解できているので、ちょっとした助言がきっかけとなって、その後、すぐに課題を終えることができます。さらに、課題を終えた「真ん中」の子どもがミニ先生として活躍します。

派手な賞賛よりも、教えるという晴れがましさを与えて、向上心や意欲を引き出していきましょう。

☑ 必要とされる存在となる

課題が終わった子どもは、自席には座りません。ミニ先生役が待っています。課題を机上に戻したら、机間を歩き、まだ課題を終えることができていない子の手助けをしていきます。課題が終わらない子どもは、「ヘルプ！」と挙手して、ミニ先生の助言を求めます。必要とされる存在となります。

☑ 教え方を教える

ミニ先生としての助言の仕方を、事前に教えておくことが必須です。「この割り算は、かけ算九九を使うといいんだよね。順に5の段を言ってみようか」というように具体的な助言の仕方を教えます。

その後、振り返りの時間に「誰の教え方がよかったですか？」と聞くようにしましょう。そこで名前が挙がると、誇らしさが自信となり、また、クラスからも一目置かれるようになってやる気がどんどんアップします。

課題の仕上がりが遅い子には、低学年には、「急がなくてもいいんだよ」と急がせず、高学年には、「じっくりと取り組んでいいね」と慎重さを評価します。

騒々しさに同調しない子ども

　騒がしい状態に同調しない子どもは、クラスに愛想をつかしているのではありません。本音では注意をしてもいいと思っているのですが、そうすると騒いでいる子の感情を刺激し、火に油をそそぐことになるとわかっているのです。また、同調しないことは、教師を困らせないことにつながることも知っています。しかし、そうして静かに堪え忍ぶ姿には無理や我慢もないわけではありません。
　教師がしっかり気にとめて、安心感や落ち着きを与えてあげましょう。

こんな様子が見られたら要注意！

押し黙り、うなだれている

うなだれている子は、喧騒から逃れたいという気持ちになっているので、"そのままでいいよ。いつも我慢しているからね"と声をかけ、心の避難を認めてあげよう！

☑「Aさんを見習いなさい！」は子どもの立場を悪くする

　授業中にもかかわらず、後ろの子のほうを向いて身振り手振りで私語をまくしたてたり、意味もなく席を離れて立ち歩いたりする子どもがいますが、こうした子の存在によって、しばしば授業は中断させられます。この時、教師が、「ちゃんとしているAさんを見習いなさい！」などと注意しようものなら、「先生はいつも俺たちを悪者にして、Aを贔屓する」などと口答えされて、一気にAさんの立場を悪くしてしまいます。

☑ 気付き、変わることを期待している

　クラスが騒がしいと、「静かにして！」と全体に向かって注意したくなるものですが、ただじっと押し黙っている子どもがいます。すかさず、どうしてそうしているのかと聞けば、「気付いてくれると思った」「もう〇年生だから、直してくれると思った」と騒々しい子どもたちに期待していることがわかります。

　教師は、同調せずにちゃんとしていることではなく、そうした思いを騒がしい子どもたちに伝えるようにしなければなりません。

☑ 守られているという安心感をもたせる

　クラスが騒がしくなってしまった時は、騒々しい子どもではなく、同調せずに静観している子どものそばに歩み寄るようにしましょう。そばに人がいてくれると、ホッと安心できるものです。また、目を見ながら、小さく頷くようにもします。

　子どもは、困っていたり辛い思いをしたりしていることを察してもらえるので、「一人で背負わなくてもいいんだ」と気が楽になります。

安心感をもたせると同時に、低学年には、「困るよね」と教師が気持ちを代弁し、高学年には「先生は味方だよ」と一人で抱え込ませないようにします。

SECTION 10 隣のイラ立つ友だちをさりげなくフォローする子ども

　些細なことで癇癪を起こしたり、声を荒げたり、机上にあるものを投げつけたり、机を蹴とばしたりする子がいます。そんな時、隣に座っている子どもが、何も言わずに机上に散乱したものを所定の位置に戻したり、床に落とした物を拾ってあげていました。そして、「置いておくよ」と小声で教えてあげています。

　こうした心づかいができる子の存在はクラスにとって貴重です。よい影響を広げていくことができるよう、教師が上手にスポットを当てていきましょう。

こんな様子が見られたら要注意！

「やってあげなくていいよ！」と言われて躊躇する

「先生もあなたを手伝うよ」と言って一緒に拾おう！　教師の「手伝う」という言葉を聞いて、自分の行為が評価されていることに気付きます

☑ 耳元でささやく

　授業中、急に子どもがイライラし始めました。すると、隣の席の子がとても小さな声でたしなめているのです。この時、小さな声で対応できたのは、たしなめている声が漏れると、周りの子が振り返ったり横目で見たりすることになり、ますます癇癪の度合いが大きくなってしまうことを知っているからです。こうした心配りは素晴らしいものですが、無意識に行っていることがほとんどですので、教師はすぐにも「小さな声でありがとう」と癇癪を起こした子どもに聞こえないように耳元でささやきながら、感謝の気持ちを伝えましょう。

☑ 周りの友だちに知らせるために話しかける

　隣で癇癪を起こされると、集中力がそがれます。バンバンと荒れた音を立てれば、耳障りでイラつきます。それでも嫌な顔をしません。
　教師は、つい癇癪を起こした子どもに目が行きがちですが、このように受け入れている子どもに声をかけなければいけません。「いつもありがとう」と感謝の言葉を伝え、その姿を称えることで、周りの子どもたちは感じ入り、普段の心づかいにも気付くようになります。

☑ 頼らせる

　席替えは4週間に一度くらいで行い、原則として一度隣になった友だちとは再び隣同士にならないようにすることをおすすめします。
　また、その際、新しい席替えで癇癪を起こす子どもの隣になって不安そうな表情をしている子どもがいたら、「○○さん（くん）にどうしたらいいのか相談してごらん」と、その子の存在が頼りになることを伝えましょう。

フォローできる子への声かけに、低学年には「びっくりしたでしょう」と正直な気持ちを引き出し、高学年には「自然にふるまえるのは素晴らしい」と感心していることを伝えます。

CHAPTER.5　授業での「気にならない子」を気にとめる、見落とさない！　125

おわりに

　「気にならない子」を見落とさないことで、その存在がクローズアップされます。気にならなかった子をほめることがどんどん増えていきます。じつは、こうした子どもたちだってほめられることを渇望しているものなのです。ほめられることによって、心は「快」となり、学校生活はぐんと楽しくなります。

　また、帰宅すれば、「今日、学校で先生にほめられたんだよ」と保護者に報告します。ある保護者は、「娘は帰宅すると、決まって『先生がね……』と話が始まるんですよ」と笑って教えてくれました。また、別の保護者からは、「先生が些細なことをほめてくださり、それを嬉しそうに報告する我が子を見て、子育てではほめることがどれほど大事なことかを学びました」と感謝の手紙をいただいたこともあります。

　「気にならない子」にスポットライトを当て、輝かせていくことは、明るく楽しい学校生活を保障するだけではなく、保護者の信頼を得ることにもつながります。

　そして、「快」になるのは子どもや保護者だけではありません。教師もまた「快」になっていきます。つまり、ほめる

時はよい言葉をつかい、そのよい言葉を子どもに向けて発することで、教師自身に跳ね返り、自分もほめられたと感じることができるのです。まさにミラー効果です。「見落とさなかった」という安堵感も満足感に変わります。当たり前のことをほめられた子どもの笑顔を見て、教師自身も幸せな気分になれるのです。
　こうして教師も「幸せな時間」を過ごすことができ、その「幸せな時間」を子どもたちと共有することで、自然とクラスの雰囲気はあたたかく幸せにつつまれていくことでしょう。
「気になる子」を気にとめ、見落とさないことで、子ども、保護者、教師が一つになっていくのです。
　最後に、本書の出版に際してアドバイスをくださった編集部の根津佳奈子氏、駒井麻子氏、一目で状況が把握できるイラストを描いてくださった加藤陽子氏には、この場をお借りして御礼申し上げます。

　　　2019年9月

　　　　　　　　　　　　　　　　　　　　　城ヶ﨑滋雄

著者紹介

城ヶ﨑滋雄（じょうがさき しげお）

鹿児島県生まれ。大学を卒業後、千葉県公立小学校教諭となる。2018年に定年を迎え、麗澤大学大学院道徳教育専攻修士課程で「道徳」について研究を続ける。

教育情報誌『OF』『Popy f』（いずれも新学社）で若い先生や保護者にアドバイスを行ったり、学研教室の先生向けの月刊誌『Smile』では塾の先生の悩みに答えたりしている。

著書に『クラスがみるみる落ち着く教師のすごい指導法！──荒れを克服する50の実践』『小学1年生を「叱らない」「受けとめる」指導法！』（以上、学陽書房）など多数ある。

学級崩壊の原因はそこだった！
「気にならない子」を気にとめる、見落とさない指導法！

2019年11月7日 初版発行

著　者	城ヶ﨑滋雄
ブックデザイン	スタジオダンク
イラスト	加藤陽子
発行者	佐久間重嘉
発行所	株式会社 学陽書房
	東京都千代田区飯田橋1-9-3　〒102-0072
	営業部　TEL03-3261-1111　FAX03-5211-3300
	編集部　TEL03-3261-1112　FAX03-5211-3301
	振替　00170-4-84240
	http://www.gakuyo.co.jp/
DTP制作・印刷	精文堂印刷
製　本	東京美術紙工

©Shigeo Jougasaki 2019, Printed in Japan
ISBN978-4-313-65384-9　C0037

乱丁・落丁本は、送料小社負担にてお取り替えいたします。
定価はカバーに表示してあります。

JCOPY ＜出版者著作権管理機構 委託出版物＞
本書の無断複製は著作権法上での例外を除き禁じられています。複製される場合は、そのつど事前に、出版者著作権管理機構（電話03-5244-5088、FAX 03-5244-5089、e-mail: info@jcopy.or.jp)の許諾を得てください。